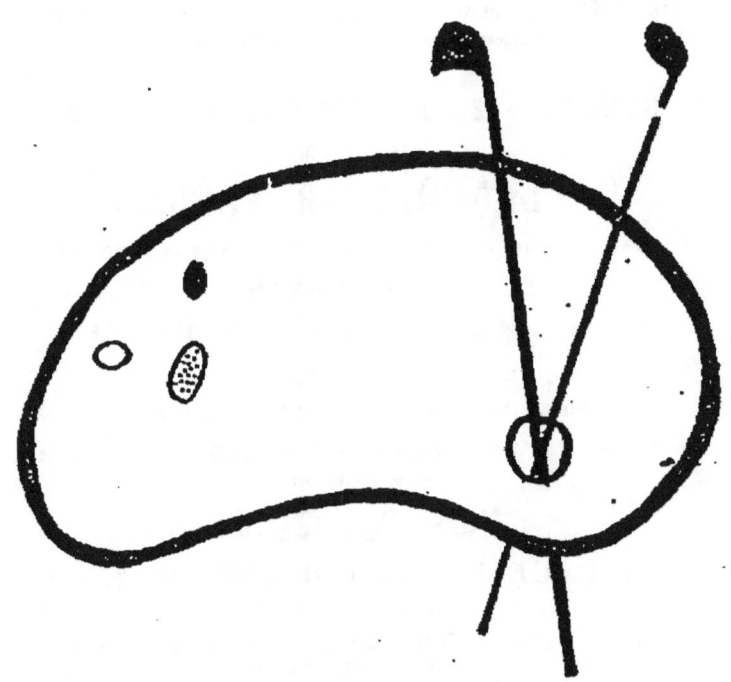

**DEBUT D'UNE SERIE DE DOCUMENTS
EN COULEUR**

CATALOGUE
D'ESTAMPES ANCIENNES

PAR DES GRAVEURS ET D'APRÈS DES PEINTRES DES TROIS ÉCOLES,

DONT LES ŒUVRES

d'Albert-Durer, Marc Antoine, N. Poussin, Nanteuil, Callot, Rubens & Rembrandt.

DES

RECUEILS ET LIVRES SUR LES ARTS,

DES SUITES DE

PLANCHES GRAVÉES,

LA GALERIE DU LUXEMBOURG, LES CHATEAUX ROYAUX,

ET ORNEMENTS,

Qui composaient le Fonds de Commerce de M. DEFLORENNE,

dont la vente se fera

POUR CAUSE DE DÉCÈS,

Le Lundi 8 Octobre 1849, et jours suivants,

six heures du soir,

HOTEL DES VENTES
PLACE DE LA BOURSE, N° 2,

Salle n° 3,

Par le ministère de M° **GENEVOIX**, Commissaire-Priseur,
rue de l'Échiquier n° 34,

Assisté de M. **DEFER**, quai Voltaire, n° 21.

EXPOSITION PUBLIQUE

Le Dimanche 7 Octobre 1849, de midi à quatre heures.

SE DISTRIBUE A PARIS,

Au domicile de feu M. **DEFLORENNE**, quai de l'École, n° 34.

PARIS
IMPRIMERIE ET LITHOGRAPHIE DE MAULDE ET RENOU,
Rue Bailleul, 9 et 11, près du Louvre.
1849.

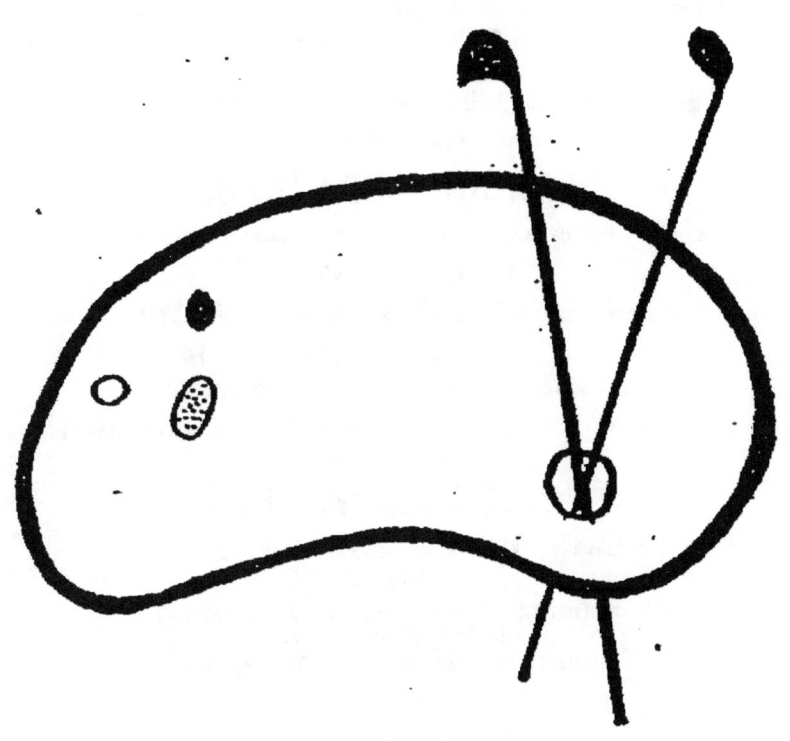

FIN D'UNE SERIE DE DOCUMENTS
EN COULEUR

CATALOGUE
D'ESTAMPES ANCIENNES

PAR DES GRAVEURS ET D'APRÈS DES PEINTRES DES TROIS ÉCOLES,

DONT LES OEUVRES

d'Albert-Durer, Marc Antoine, N. Poussin, Nanteuil,
Callot, Rubens & Rembrandt,

DES

RECUEILS ET LIVRES SUR LES ARTS,

DES SUITES DE

PLANCHES GRAVÉES,

LA GALERIE DU LUXEMBOURG, LES CHATEAUX ROYAUX,

ET ORNEMENTS,

Qui composaient le Fonds de Commerce de M. DEFLORENNE,

dont la vente se fera

POUR CAUSE DE DÉCÈS.

Le Lundi 8 Octobre 1849, et jours suivants,

six heures du soir,

HOTEL DES VENTES

PLACE DE LA BOURSE, N° 2,

Salle n° 3,

Par le ministère de M° **GENEVOIX**, Commissaire-Priseur,
rue de l'Échiquier n° 34,

Assisté de M. **DEFER**, quai Voltaire, n° 21.

EXPOSITION PUBLIQUE

Le Dimanche 7 Octobre 1849, de midi à quatre heures.

SE DISTRIBUE A PARIS,

Au domicile de feu **M. DEFLORENNE**, quai de l'École, n° 34.

PARIS

IMPRIMERIE ET LITHOGRAPHIE DE MAULDE ET RENOU,

Rue Bailleul, 9 et 11, près du Louvre.

1849.

AVIS.

Les numéros qui suivent les désignations des estampes des maîtres français sont ceux du *Peintre Graveur français*, par *M. Robert Dumesnil*, et ceux qui suivent les articles des maîtres allemands, italiens, flamands et hollandais sont ceux du *Peintre Graveur*, par *Adam Bartsch*.

On verra les principaux articles de chaque vacation le matin de une heure à trois.

Il sera perçu cinq pour cent en sus des enchères applicables aux frais.

La vente sera faite au comptant.

AVANT-PROPOS

La vente que nous sommes chargés de diriger, n'est pas la collection d'un amateur, cependant on remarquera dans le grand nombre d'estampes anciennes qui s'y trouvent, tout ce qui d'ordinaire les compose, tels que les morceaux principaux des plus célèbres graveurs des diverses écoles, savoir : *Marc-Antoine* et ses élèves; *Albert Durer* et ses imitateurs, dit les *petits-maîtres*. Les peintres graveurs hollandais, *Rembrandt*, *Van Dyck*, *Berghem* et nombre d'autres. Les œuvres de *Rubens* gravées par les *Bolswert*, *Pontius*, *Vorsterman* et autres habiles burinistes qui ont gravé sous sa direction. Les œuvres de N. Poussin, traduits par *Pesne*, *Audran*, *Stella* et autres graveurs. Deux œuvres remarquables de *Callot* et *Nanteuil*, et des sujets et portraits par les *Edelinck*, *Masson*, *Drevet* et autres habiles graveurs du XVII° siècle.

Une suite de PLANCHES GRAVÉES, les châteaux royaux de Rigaud; la galerie du Luxembourg de Rubens, et une collection d'ornements des XV°, XVI°, XVII° et XVIII° siècles.

M. Deflorenne qui avait réuni cette quantité d'estampes, était un marchand honnête, intelligent et passionné pour son commerce; la vivacité de son caractère le rendait dans nos ventes le plus ardent acquéreur, souvent peu soucieux de l'intérêt mercantile, il mettait la passion de l'amateur dans la poursuite d'une belle estampe de Marc-Antoine ou d'une estampe rare de Callot, ses maîtres de prédilections, il n'a pas peu contribué à faire élever et maintenir à Paris par cette concurrence le prix des estampes anciennes ; aussi sa mort laisse-t-elle un vide dans cette partie du commerce des beaux-arts. Ses confrères garderont le souvenir du commerçant loyal, désintéressé et obligeant dans ses relations avec eux et que tous ont aimé et estimé, et nous ne doutons pas de leur bienveillant concours pour cette vente.

ORDRE DES VACATIONS.

PREMIÈRE VACATION.

Lundi 8 octobre.

	Numéros.
Estampes diverses, école italienne.	372 à 382
Estampes, divers maîtres.	1 à 34
L'œuvre de Callot.	35 à 38
Marc Antoine.	197 à 206
Rembrandt.	238 à 251
Portraits.	432 à 446

DEUXIÈME VACATION.

Mardi 9 octobre.

Estampes diverses, école flamande.	383 à 395
Estampes, divers maîtres.	39 à 55
A. Durer.	56 à 70
Marc-Antoine.	207 à 220
Rembrandt.	252 à 280
Rubens.	302 à 308
A. Durer.	71 à 83
Estampes, divers maîtres.	93 à 138

TROISIÈME VACATION.
Mercredi 10 octobre.

Estampes diverses, école française.	396 à 420
Marc-Antoine et son école.	221 à 227

QUATRIÈME VACATION.
Jeudi 11 octobre.

Estampes diverses.	421 à 431
Estampes historiques.	467 à 477
A. Durer.	84 à 92
Estampes de divers maîtres.	139 à 166
L'œuvre de Nanteuil.	167 à 168

CINQUIÈME VACATION.
Vendredi 12 octobre.

Estampes diverses.	478 à 484
Ornements.	447 à 466
Estampes, maîtres divers.	169 à 187
N. Poussin.	188 à 196

SIXIÈME VACATION.
Samedi 13 octobre.

Objets divers.	519
Livres.	518
Livres à figures, recueils, etc.	485 à 517
Estampes diverses.	228 à 237
Rembrandt.	281 à 397
PLANCHES GRAVÉES.	520 à 528
Estampes, divers maîtres.	298 à 301
Rubens.	309 à 321
Estampes, divers maîtres.	322 à 371

DÉSIGNATION
DES ESTAMPES.

ESTAMPES ANCIENNES.

1. AUDRAN (Gérard). Saint-Paul à Lystre; le Buisson ardent, d'après Raphaël; Saint-Protais, d'après Lesueur; Enée, d'après le Dominiquin; le Déluge, d'après Véronèse, et Christ mort; six pièces; les deux dernières par *Edelinck* et *Boullanger*.

2. AUDRAN (Jean et Benoit). La Tente de Darius, d'après Le Brun, de la suite dite les petites Batailles d'Alexandre; rare épreuve avant la lettre, elle est encadrée.

3. ALDEGREVER (Henri). Sujets de l'Ancien et du Nouveau Testament; les Vertus et les Vices, les Danseurs de Noces, les Travaux d'Hercule, des frises, rinceaux d'ornements, deux poignards, etc., 108 pièces, de ce nombre plusieurs gravées par *Collaert*. Cet article sera divisé.

4. Altorfer (Albert). Vingt cinq pièces diverses gravées sur cuivre, une pièce en bois et deux autres pièces par un anonyme.

5. Beccafumi. Jésus et les Docteurs, les Vendangeurs, belle épreuve.

5 bis. Doubles des Vendangeurs, 2 pièces.

6. Bega (Corneille). Sujets familiers, 35 pièces à l'eau forte, plusieurs doubles.

7. Beham (Hans ou Jean). Sujets de l'Ancien et du Nouveau Testament, les Apôtres, les Arts libéraux, les Planètes, Didon, les Danseurs de Noces, etc., etc., 134 pièces, de ce nombre plusieurs par *J. Binck*. Cet article sera divisé.

8. Belle (Etienne de la). La vue du Pont-Neuf de Paris, le Reposoir, Caprices, paysages, vues de Rome, divers animaux, ornements, etc., 170 pièces.

9. Berghem (Nicolas). La Vache qui pisse, épreuve du deuxième état avant l'adresse, 2 épreuves.

10. La Vache qui s'abreuve, et diverses autres pièces des bergeries, en tout 20 pièces à l'eau forte, 2 lots.

11. Biondi. La Mère de douleur, d'après Sasso-Ferrato, et Sainte-Agnès, d'après C. Dolci, 2 pièces.

12. Blecker (G.). Saint-Paul à Lystre, très belle épreuve.

13. Abraham et ses troupeaux, le chariot, le berger et Saint-Paul à Lystre, 4 pièces.

14. BLOETELING (Abraham). L'amiral Kortenaer, d'après Van der Helts, belle épreuve, elle est encadrée.

15. BOEL (Coryn). Les Eléphants et chasse au Sanglier, 3 pièces.

16. BOISSIEU (Jean-Jacques de). Le maître d'école épreuve d'eau forte pure, mais rognée du haut; une vue de Lyon; les petits maçons, etc., 16 pièces dont une copie.

17. BOLSWERT (Schelte à). Christ en croix, d'après Rubens, belle épreuve avec M. *V. Eden*, du cabinet de M. Debois dont elle porte la marque.

18. Christ mort sur les genoux de la Vierge, d'après Van Dyck, belle épreuve.

19 Le Serpent d'airain, Vierge à l'oiseau, Vierge aux anges, d'après Rubens; Christ en croix dit le *Christ à l'éponge*, épreuve avec la main de Saint-Jean sur l'épaule de la Vierge et le nom de Van Dyck pinxit sur la terrasse à droite, etc., 10 pièces.

20. La Trinité, la Vierge à l'oiseau, Christ en croix entre les Larrons, Sainte-Marguerite; deux paysages de la suite des six grands paysages, etc., 7 pièces, d'après Rubens.

21. La Résurrection du Lazare, la pêche miraculeuse, d'après Rubens; le reniement de Saint-Pierre, d'après Seghers, 3 pièces.

22. Communion de la Vierge, épreuve avec M. *V. Eden*; Christ au tombeau, résurrection du Lazare et Assomption de la Vierge, 4 pièces par *Schelte* et *Boëce* à *Bolswert*, d'après Rubens.
23. Six grands paysages, d'après Rubens, cinq sont gravés par Bolswert, le sixième par Clouet.
24. Bonasone (Jules). L'arche de Noé, frappement du Rocher, Sainte-Famille, d'après Raphaël; Sainte Vierge, d'après Parmesan ; Christ mort, naissance de Saint-Jean, le Cheval de Troie, l'enlèvement d'Europe, Clélie, triomphe de Silène, le Roi Midas, suite des amours de Junon, divers Termes architecturals, une Muse, Leda, la Chèvre Amalthée, etc., 86 pièces, d'après Raphaël, Primatice et autres maîtres, plusieurs doubles. Cet article sera divisé.
25. Bosse (Abraham). Scènes de mœurs et costumes sous Louis XIII, vignettes pour divers ouvrages, etc., 52 pièces, de ce nombre 12 costumes gravés par *Savry*.
26. Both (Jean). Six paysages dont le n. 7, avant le nom mais mal conservé. Plus quatre paysages, d'après Both, par *Lutma*.
27. Paysages par J. Both, sujets familiers, d'après A. Both, et d'après P. Breughel par *Hondius*, 11 pièces.
28. Bray (Salomon de). Christ mort entouré des saintes femmes et ses disciples. Plus la Cuisinière, (5) par Duvivier.

29. Breemberg (Bartholomée). Trois paysages avec ruines.

30. Brentel (Frédéric). Pompe Funèbre de Charles III de Lorraine, à Nancy, d'après les dessins de Claude de la Ruelle, 16 morceaux de cette suite; le Colloque de Poissy, pièce gravée par *Tortorel*.

31. Bruyn (Nicolas de). La Passion de notre Seigneur Jésus-Christ; 12 pièces, d'après Goltzius, divers sujets de l'ancien et du nouveau Testament, composés et gravés par *N. de Bruyn*.

32. Bry (Théodore de). Triomphe de Silène, d'après J. Romain; Triomphe du Christ, d'après Titien; les Noces de Rébecca, d'après Peruzzi; Marche d'armées, alphabet, ornements d'orfèvrerie, etc., 74 pièces. Cet article sera divisé.

33. Bye (Marc de). Le Muletier, dessiné et gravé par de Bye, et animaux, d'après Paul Potter.

34. Cabel (Van der). Paysages et marines, quatorze pièces à l'eau forte.

35. Callot (Jacques), son œuvre. Savoir : son portrait, d'après Van Dyck, par *Vorsterman*, aussi par *Lubin*, *Michel Lasne*, *A. Bosse* et autres, par des graveurs anciens et modernes, seize pièces.

Sujets de Dévotion.

Le Passage de la mer Rouge avant le flot

tronqué; la Vierge, d'après Farinati; Sainte Famille, d'après André del Sarte, première épreuve avant le nom de Mariette et les armes; vie de la Vierge, l'Annonciation double, 15 pièces; le Nouveau Testament, 11 pièces avant la lettre; Prédication de saint Jean; la vie de l'Enfant prodigue, 11 pièces avant les numéros; la Passion de Notre-Seigneur, 12 pièces; la vie de la Vierge et la passion, 20 petites pièces ovales; le Petit Prêtre; les Quatre Banquets, une double avec différence; la Grande Passion, 8 pièces; Ecce Homo, d'après Stradan; *Gloriosissimæ Virginis*, suite de neuf sujets compris le titre; Jésus et les Apôtres, 16 pièces; saint Pierre debout, lisant; Martyr des Apôtres, 13 pièces; saint Paul dans une campagne, d'après Bloemaert; saint Jean dans l'île de Patmos; Jubilé de la sainte Vierge; la Possédée, d'après Boscholi; les Miracles de l'Annonciade, 41 pièces; le Massacre des Innocents, deux planches; les Pénitents et les Pénitentes, 6 pièces; Martyr de saint Laurent et de saint Étienne avant le nom de Callot; Martyr de saint Sébastien; le Bénédicité; les Péchés Capitaux et l'Enfant-Jésus, 8 pièces; l'Arbre de saint François; saint François dans un lys et saint François donnant la bénédiction; saint François soutenu par deux anges; Martyr du Japon; vingt-neuf tableaux des maîtres d'Italie, suite de 30 pièces compris le titre (il en manque une); saint Mansuet; saint Nicolas, la Lumière du cloître, 27 pièces; la Tentation de saint Antoine dédiée à Phélypeaux de la Vrillière; autre Tentation de saint Antoine, d'après Callot, par *Ant. Mei Tinghi*; Allégorie à la gloire de François de Lorraine; titre pour la sainte Apocatastase; titre, les Astronomes; titre des coutumes de Lorraine; les Pénitents de Gonfalon; titre pour la congrégation de Notre-Dame de Bon-Secours; Pompe funèbre de l'empereur Mathias.

Portraits, Pièces historiques et sujets de Fantaisie.

Portrait de Dom Pari d'Achidosso, poëte italien, dit le jardinier; le titre de l'ouvrage de Peri, *Fiesole distrutta*; Delorme, médecin de Louis XIII; Cosme de Médicis second; François de Médicis; Claude Deruet, épreuve avant l'année 1632; Louis XIII à cheval, le fond seulement, par Callot; le combat de Veillane; Louis de Lorraine à cheval; Descente de troupes dans l'île de Ré; Principales actions de Ferdinand Ier, grand duc de Toscane, suite de seize estampes, la seizième, le couronnement de la princesse Christine de Lorraine, se trouve à cette suite, elle est d'une telle rareté qu'elle manque à presque tous les œuvres de Callot; Pandore.

Sujets de guerres et autres.

Exercices militaires dédiés à de Bauffremont, 13 pièces; deux petites Batailles; les Misères de la guerre, 18 pièces; le Bataillon; petites Misères de la guerre et le titre; les Supplices.

Les Grands Siéges : De la Rochelle, de l'île de Ré et de Bréda, rares exemplaires avec les bordures qui presque toujours manquent aux plus beaux œuvres; Combat des galères du grand duc; 4 pièces. *Fêtes et Jeux ;* Combat à la barrière de Nancy en 1627, suite de 10 pièces; le petit bras et deux doubles avec différences; Carousel de la guerre d'amour en 1615, 3 pièces d'après *Parigi ;* Fêtes au duc d'Urbin en 1616, 5 pièces; un Rocher au milieu de la mer; un Char rempli d'artifice; les Trois Pantalons; l'Éventail; Parterre de Nancy; la Chasse au Cerf; la foire de Florence, les deux planches; la Carrière de Nancy; le Jeu de Boule, belle et rare avant le nom de Callot (elle vient du cabinet de M. Debois); tragédie de Soliman, 6 pièces; les Intermèdes du théâtre du grand duc, 3 pièces; le Brelan; les Bohémiens, 4 pièces; *Caprices et sujets de Fantaisie ;* les Fantaisies dédiées à J. L. de Beauffremont en 1635, 14 pièces; les Trois sacrifices; Cinq de la suite des femmes debout dans diverses attitudes, cette suite gravée d'après Callot, par Silvestre, à l'une de ces pièces on lit: *Damoiselle Puttinger, épouse de Jacques Callot et sa fille ;* habillements de la noblesse française, 12 pièces; les Gueux, 25 pièces; Figures variées, 17 pièces; (manque une pièce); Devideuse et Fileuse; les Baillis, 24 pièces; les

Gobbi, 21 pièces; les Caprices, deux suites, celle de Florence, celle de Nancy, 100 pièces; Place de Sienne; les Deux Pantalons; les Mesureurs de grains; onze vues de Florence, d'après Callot; les Quatre Paysages; les Deux vues de Paris; place publique, dans le fond le Pont-Neuf, deux épreuves, une avant la vue de Paris; Six petits paysages; la Petite Treille; *Sujets de saints, saintes, monuments et monnaies de l'Europe;* les Images de tous les saints et les fêtes mobiles, 488 pièces; la Terre Sainte. 48 planches compris le titre; les médailles 10 pièces.

Plus de 130 pièces, copies des principales pièces de cet œuvre; diverses suites de caprices et fantaisies dans le goût Callot.

Ce bel œuvre se compose de *treize cent soixante estampes*, belles épreuves: elles sont pour la plus grande partie avant les adresses de Silvestre, bien conservées et renfermées dans trois portefeuilles.

36. Quinze cents pièces environ gravées par et d'après *Callot*, doubles de l'œuvre ci-dessus, les principales pièces s'y trouvent répétées plusieurs fois avec les adresses de Silvestre, avec celles de Fagniani et autres différences. Cet article formera huit lots.

37. *Scelta d'Alcuni Miracoli.* Les Miracles de l'Image Miraculeuse de Notre-Dame de l'Annon-

ciade, 41 pièces compris le titre, in-8, demi-rel. (manque le titre).

38. Le grand duc Ferdinand Ier plaçant la couronne sur la tête de Christine de Lorraine en présence de toute sa cour. Copie de l'estampe rare de Callot. 18 exemplaires.

39. CAMAIEUX ou CLAIRS-OBSCURS à une et plusieurs planches gravés d'après Manteigne, Beccafumi, Raphaël, Titien, Tintoret, Parmesan, Meldola, Guide et autres maîtres italiens, par *André Andréani, Ugo da Carpi*, etc., 106 pièces, de ce nombre quelques bois, par *Lallemand, Goltzius*, etc. Cet article sera divisé.

40. CAMAIEUX et FAC SIMILE DE DESSINS, par *N. Lesueur, Prestel, Arthur Pond*, etc. Plusieurs de ces pièces détachées du cabinet Crozat. 40 pièces.

41. CARAGLIO. Annonciation d'après le Titien, Adoration des Bergers, Mariage de la Vierge; plusieurs pièces de la suite des travaux d'Hercule et des dieux de la Fable, etc., 22 pièces, d'après Raphaël, Parmesan, maître Roux et autres.

42 CARRACHE (Augustin et Annibal). Suzanne, épreuve avant le nom du Carrache sur les eaux, et la copie; la Madeleine, la Samaritaine, etc., à l'eau forte, par *Annibal Carrache*; sainte Famille, saint François, saint Jérôme, sainte Justine, l'Éventail, le Sondeur, copie; huit de la

suite des pièces libres; Enée sauvant son père, etc.; 72 pièces. Cet article sera divisé.

43. CHAMPAGNE (d'après Philippe de). Moïse, la Mère de Douleur, la Samaritaine, saint Benoit, etc., cinq pièces, par *Edelinck* et *Pitau*.

44. CHAPERON (Nicolas). Les Loges de Raphaël, suite de 54 pièces, épreuves avant les adresses de Pierre Mariette.

45. CHERUBIN ALBERT. Figures de la chapelle sixtine, peintures de la loge Ghigi, bas-relief, etc., 35 pièces gravées d'après Michel-Ange, Raphaël, Polydore et autres maîtres italiens.

46. COOPER (Richard). Les enfants de Charles I*er*, d'après Van Dyck, encadré.

47. CORRÈGE (Antoine ALLEGRI, dit le). Annonciation. Sainte Famille. Nativité, dite *la Nuit du Corrège*. Le Dôme de Parme, etc. 41 pièces.

48. COURTOIS, dit le BOURGUIGNON (Jacques). Batailles et charges de cavalerie. La petite suite 1 à 4 complète, et 3 des grandes pièces sans numéros. 7 pièces.

49. CUYP (Albert). Suite de vaches. 7 pièces, compris le titre. Deux suites.

50. DELAULNE (Etienne). Diverses suites de l'ancien Testament. Les Ages, les Mois de l'année, les Arts libéraux, les Muses. Copies d'estampes de Marc-Antoine, et autres sujets allégoriques et

mythologiques, environ 600 pièces, plusieurs doubles.

51. Drevet fils (Pierre). Portrait de Bossuet d'après Rigaud, belle épreuve avant les points.
52. La même estampe, aussi avant les points.
53. Dujardin (Carle). Son œuvre en 52 planches à l'eau forte, ancien tirage, les numéros 31 et 33 avant les planches rognées. Plus 102 pièces doubles de divers tirages. Cet article formera trois lots.
54. 28 pièces de la même suite.
55. Portrait de Vondel. Deux épreuves. Deux lots.
56. Durer (Albert). Adam et Eve (Bartsch, n. 1). Nativité (2). La Passion (6, 10, 11, 13, 14, 18). Ecce Homo (21). L'Enfant prodigue (28). La Vierge tenant l'enfant Jésus en maillot (38). Les Apôtres (47-49). 13 pièces.
57. Adam et Eve (1). Nativité (2). Sainte-Face (25 et 26). Christ en croix (24). Vierge à la couronne d'étoiles (33). Vierge (34). Vierge donnant le sein à l'enfant Jésus (36). Saint-Antoine (58). Plus deux copies du petit Crucifix n° 23. 12 pièces.
58. L'Enfant prodigue (28). Belle épreuve.
59. Adam et Eve (1). La Nativité (2). L'Enfant prodigue (28). Vierge donnant le sein à l'enfant Jésus (36). Vierge couronnée par un Ange (37). Vierge au singe (42). 6 pièces.
60. Adam et Eve (1) Vierge donnant le sein à l'en-

fant Jésus (36). Vierge couronnée par un ange (37). Vierge à la muraille (40). Vierge au singe (42). 4 pièces.

61. Vierge donnant le sein à l'enfant Jésus (36). Vierge à la muraille (40). La Vierge couronnée par deux anges (39). 3 pièces belles épreuves.
62. Vierge embrassant l'enfant Jésus (35). Saint-Philippe (46), belle épreuve.
63. Vierge au singe (42). Les Apôtres (47 à 50). Saint-Sébastien (55). Sainte-Geneviève (63). Saint-Hubert (57). Saint-Christophe (52). 11 pièces.
64. Saint-Hubert (57), belle épreuve.
65. La même estampe.
66. Saint-Jérôme au caillou (61). Sainte-Geneviève (63), belle épreuve.
67. Amione (71), belle épreuve.
68. Amione (71). La Jalousie (73). Les Femmes nues (75). L'Oisiveté (76). 4 pièces.
69. Pandore (77), belle épreuve.
70. Amione (71). Pandore (77). Les Offres d'amour (93). Le Cheval de la mort (98). Les Armoiries à la tête de mort (101). 5 pièces.
71. La Mélancolie (74). La Pandore (77). Le Cuisinier (84). Les Offres d'amour (93). Le Cavalier et la Dame (94). Le petit Cheval (96). Armoirie au coq (98). 7 pièces.
72. La Jalousie (73). Belle épreuve.
    La même estampe.
73. L'Oisiveté (76). Belle épreuve.

74. La Justice (79), le Petit Courier (80), l'Oriental et sa Femme (85), les Trois Paysans (86), le Branle (90), le Joueur de cornemuse (91), le Pourceau monstrueux (95), le Petit Cheval (96). 8 pièces.
75. Le Cavalier et la Dame (94).
76. La même estampe.
77. Les Génies (66), Diane (68), la Jalousie 73), copie; petite Pandore (78), la Dame à cheval (82), le Paysan et sa Femme (83), l'Oriental et sa Femme (85), le Drapeau (87). 8 pièces.
78. L'Oriental et sa Femme (85). Belle épreuve.
79. Les Trois Femmes nues (75), le Paysan de marché (89), les Offres d'Amour (93), le Violent (92), le Cavalier de la Mort (98), les Armoiries au cocq (100). 6 pièces.
80. Petite Pandore (78), le Violent (92), Armoirie au cocq (100), Pourceau monstrueux (95). 4 pièces.
81. Armoirie au cocq (100). Belle épreuve.
82. Armoirie à la tête de mort (101). Belle épreuve.
83. La même estampe (101).
84. Érasme de Rotterdam 107). Belle épreuve.
85. Albert de Mayence (102-103), Frédéric, électeur de Saxe (104), Melanchton (105), Pirkheimer (106), copie. 7 pièces, 2 doubles.
86. Vie de la Vierge, suite de 17 estampes (manque le n. 11), gravées par *Marc-Antoine*, d'après Alb. Durer; plus 12 doubles. La Passion, aussi

gravée sur bois par Durer. 59 pièces originales et copie.
87. Copies des principales estampes d'Albert Durer, par les Wierix et autres.

Gravures sur bois sur les dessins d'Albert Durer.

88. Le Triomphe, édition de 1545, non décrite par Bartsch. On lit sur le dernier morceau : *Impressus est Currus Antuerpiæ, per viduam Cornel. Liefrinck, anno 1545.* Collé sur toile, dans un étui.
89. Le Triomphe de Maximilien Ier, 2e édition de Bartsch (manque le 5e morceau). La Cène, le Rhinocéros. Les six ronds d'orfévrerie, n. 140 à 145; plus une copie en petit du Triomphe, gravée sur cuivre par un anonyme.
90. La Passion de Jésus-Christ. 37 pièces gravées en bois sur les dessins d'*Albert Durer* (manque le titre), 1 vol. in-4, relié en vélin.
91. Pièces détachées des suites de la grande et de la petite Passion, de la Vie de la Vierge, et divers autres sujets. 82 pièces gravées en bois du dessin d'*Albert Durer*.
92. Soixante-quatre pièces, répétition de celles précédentes; plus quelques copies d'estampes d'Albert Durer, par Wierix, etc.
93. Dusart (Corneille). La Fête de Village, le Violon assis, Paysan chantant, 2 épreuves avec différence, etc. 12 pièces, de ce nombre 2 en manière noire.
94. Sujets familliers. 12 pièces à l'eau-forte.

95. Duvet (Jean). Sujet allégorique aux amours de Henri II et Diane de Poitiers. (R. D., n. 54).

96. Van Dyck (Antoine). Ecce Homo. Ancienne épreuve.

97. La même estampe.

98. Van Dyck avec G.-H., Pierre et Jean Breughel, Érasme, Monper, Van Noort, Snellinx, Suttermans, Snyders, premier état (mal conservé), G. et Paul de Vos, Franck, Vorsterman. En tout 30 portraits à l'eau-forte; cet article sera divisé.

99. Cent trente-cinq portraits d'après Van Dyck, par divers graveurs, détachés de son iconographie.

Quatorze de la même suite, épreuves avec l'adresse de M. V. Eden.

100. Earlom (Richard). Les Fleurs et les Fruits. 2 pièces gravées à la manière noire.

101. École de Fontainebleau. Les Cyclopes, le Cheval de Troie, Bataille, Satyre et Nymphe, le Siège d'une ville, Fête à Priape, par Léon Davent. 50 pièces d'après le Primatice, le maître Roux, etc., seront divisées sous ce numéro.

102. Edelinck (Gérard). Christ aux anges. Tente de Darius, la Magdeleine d'après Le Brun, et Moïse d'après Champagne. 4 pièces.

103. Sainte-Famille d'après Raphaël, et Philippe de Champagne d'après ce maître. 2 pièces.

103 bis. La Magdeleine d'après Le Brun, belle épreuve avant la bordure; elle est encadrée.

104. La Samaritaine d'après Champagne. Vierge d'après C. Maratte. Vierge dite la Couseuse, d'après le Guide. Mère de douleur d'après Champagne. Portraits de Mouton et Savary, et le Déluge d'après Paul Véronèse. 7 pièces, la dernière par *Jean Edelinck*.

105. EVERDINGEN (Albert). Vues de sites agrestes de la Norwège. 26 pièces.

106. EYCK 1434 (Jean Van). Sainte agenouillée, dessin. Un fac-simile de dessin de ce maître.

107. FLAMEN (Albert). Les Commandements de Dieu. Vues diverses des environs de Corbeil et de Longuetoise. Poissons d'eau douce et les Oiseaux. 65 pièces à l'eau forte.

108. FRANCO (Baptista). Mise au tombeau. Diane. Bas-relief, etc. 6 pièces.

109. FREY (J.-J). La Sainte-Famille d'après Raphaël. L'Aurore d'après le Guide. 2 pièces.

110. FYT (Jean). Suite de chiens, numéro 1 à 8, plusieurs doubles avec différence, en tout seize pièces.

111. GAULTIER (Léonard). Henri IV et divers personnages de son temps. Titres de livres. Le Jugement dernier d'après Michel-Ange. 36 pièces gravées, de 1592 à 1625.

112. GELLÉE, dit CLAUDE LE LORRAIN (Claude). Fuite en Egypte (R. D. N° 1). L'apparition (2). Passage au gué (3), 1er état. La Tempête (5). La Danse au bord de l'eau (6). Le Naufrage (7). Le Port de mer au fanal (11). Scène de brigands (12). Le Pont de bois (14). Mercure et Argus (17). Le Troupeau en marche (18). Le Chevrier (19). 2e état, de la collection de M. Debois. Berger et Bergère conversant (21). Le Pâtre et la Bergère (27). Les deux Paysages (40). En tout 25 pièces à l'eau forte, dont 10 sont doubles. Cet article sera divisé.

113. GENOELS (Abraham). Paysages. 26 pièces à l'eau forte.

114. GESSNER (Salomon). Paysages et Idylles. 11 pièces. Paysages et Etudes par *Kolbe*, et Paysages par Conrad *Meier*. En tout 29 pièces à l'eau forte.

115. GILLOT (Claude). Vie de Jésus-Christ, 58 pièces. Bacchanales. Vignettes, etc. En tout 60 pièces par et d'après Gillot.

116. GIRARDET (Abraham). La Cène d'après Philippe de Champagne. Le titre de l'ouvrage Expédition d'Egypte, édition du gouvernement.

117. GLOKENTON (Albert). Flagellation et Jésus aux Limbes, 2 pièces. *Maître à l'Ecrevisse*. La Vierge embrassant l'enfant Jésus. *Louis Krug*. L'Adoration des Rois (2). Les deux Femmes nues (11).

118. Goltzius (Henri). 5 pièces de la suite dite les Chefs-d'œuvre. Divers sujets et costumes gravés par de *Gheyn*, *les Sadeler*, *Munickuysem* et *Crispin de Pass*. 16 pièces.

119. Les Planètes. Les Dieux de la Fable. Sujets sacrés et de l'histoire profane, de la Mythologie, etc. 85 pièces, de ce nombre plusieurs par les Sadeler et autres graveurs flamands.

119 bis. La Passion, gravée par Goltzius. 12 pièces petit in-4° cartonné.

120. Goudt, comte palatin (Henri). L'œuvre de ce maître en 7 pièces gravées d'après Adam Elsheimer.

121. Greuze (d'après Jean-Baptiste). Le Fils puni. La Belle-Mère. Le Gâteau des Rois. La Mère bien-aimée. La Malédiction paternelle. La Dame bienfaisante. La petite Fille au chien, et divers autres sujets et têtes de jeunes filles. 35 pièces gravées par Flippart, Porporati, Massard père et autres artistes. Deux lots.

122. Haeften (Van). Cinq vieilles Femmes à une croisée (4). Trois Fumeurs à une table. Trois Paysans à une table, deux, coupant du pain. Trois Paysans, dont un vu par le dos, et une Femme. Vieille Femme tenant une bouteille et un verre. Tête de vieille femme avec beguin. A ces cinq morceaux le nom et la date 1694-1695. La Cuisinière; au bas, on lit: *Jean, il est bien doux de faire l'amour à la cuisine.* 7 pièces,

le premier seul de ces morceaux est décrit par Bartsch.

123. Hecke (Jean-Van). Chiens et Chevaux. Suite de 12 pièces (1 à 12). Plus 7 pièces doubles.

124. Hollar (Wenceslas). Le Calice d'après Manteigne et la copie par Meyer. la Cathédrale de Strasbourg. Vase d'après Holbein et portrait de Merian, 4 pièces recherchées.

125. L'incrédulité de Saint-Thomas d'après Salviati. La Magdeleine d'après Van Avont. 2 pièces.

126. La Magdeleine d'après *Van Avont*, belle épreuve encadrée.

127. Portraits d'après Holbein, Durer, Léonard de Vinci, Van Dyck. Enfant d'après Van Avont. Cathédrale d'Anvers. Vues d'Heidelberg. Vues de Londres. Vue de Tanger. Paysages d'après Jean Breughel. Animaux. Papillons. Costumes et divers autres sujets. 230 pièces.

128. Hopfer (Jérôme et Daniel). L'empereur Maximilien Ier. Erasme. Copies des estampes de vieux maîtres italiens et d'Albert Durer. Panneaux d'ornements. Reliquaires, etc., etc.

129. Lautensac, 1546. Bataille d'après J. Romain C. *Matsys*, 1545. Une Bataille.

130 Joncker et P. V. C. Chiens et Levriers dans diverses attitudes. 4 pièces.

131. Laer (Pierre de). Divers Animaux, n°s 1, 2, 3, 7, 8, 9 à 14. Plus deux doubles. 13 pièces.

132. Lasinio (Carlo). Peinture du *Campo-Santo de Pise*, 41 pièces, gr. in-fol. oblong, recueil rare.
133. 9 pièces doubles de l'ouvrage ci-dessus.
134. Laugier (M.-Nicolas). L'Assomption de la Vierge d'après le Poussin. La Cène d'après Philippe de Champagne, par *Girardet*, 2 pièces encadrées.
135. Le Brun (d'après Charles). Plafond de la chapelle du château de Sceaux. Grande galerie de Versailles et diverses autres compositions de Le Brun, gravées par les *Audran, Simoneau,* etc. 79 pièces. Cet article formera trois lots.
136. Leclerc (Sébastien). Le Triomphe d'Alexandre, l'Académie des sciences, le Mai des Gobelins, les Tapisseries, *Puer parvulus*, décorations, catafalques, paysages, vignettes, costumes, etc. 480 pièces, de ce nombre plusieurs doubles.
137. Le Sueur (d'après Eustache). Le Martyre de saint Protais et de saint Laurent, la Maladie d'Alexandre, et divers autres sujets. 13 pièces gravées par *J. et Benoît Audran* et autres graveurs.
138. Leyacher. Napoléon à cheval, d'après Carle Vernet. Épreuve coloriée.
139. Lucas de Leyde. Adam et Ève (2, 4, 6), Caïn tuant Abel (13), Loth et ses filles (16), Samson et Dalila (25), David devant Saül (27), deux épreuves, une est avant l'adresse de *Martini*

Petri excud., Salomon (30), Esther (31), Mardochée (32). Douze pièces.

140. Caïn tuant Abel (13), Loth et ses filles (16), Agar renvoyée (17), David (26 et 27), Esther (31), Mardochée (32), saint Paul (105) et divers autres sujets. Seize pièces.

141. Annonciation (35), Adoration des Mages (37), Baptême de Jésus (40), le Lazare (42), Couronnement d'épines (69), *Ecce Homo* (76), Jésus-Christ présenté au peuple (71), Vierge debout (82), le Suaire (105), Conversion de saint Paul (107). Douze pièces.

142. Les Évangélistes, les Apôtres, saint Jean, saint Antoine, Magdelaine, le Suaire, saint Sébastien, et autres pièces doubles de celles ci-dessus décrites. Vingt-neuf pièces.

143. Saint Joachim et la Vierge (34), Baptême (40), Couronnement d'épines (69), Adoration des Mages (37), etc. Onze pièces.

144. Le Baptême (40), l'Enseigne (140), l'Opérateur (157), un Écusson vide (166) et plusieurs copies. Quinze pièces.

145. Le Moine Sergius tué par Mahomet (126).

146. Les sept Vertus (127 à 133). Manque une pièce. Vénus (138), l'Enseigne (140), Petite Laitière (158), Armoirie (167). Onze pièces.

147. La Foi (127), l'Espérance (128), la Tempérance (133), Lucrèce (134), Mars et Vénus (137), un Enseigne (140), les Gueux (143), la Petite Laitière (158), etc. Trente-une pièces.

148. Maîtres a monogrammes. Divers sujets de l'Ancien et du Nouveau Testament, de la Fable, costumes, scènes allégoriques. Soixante-neuf pièces gravées en Allemagne vers le milieu du XVIe siècle.

149. Mantègne (André). Silène à la cuve. Hercule étouffant Anthée, copie.

150. Mantuan (George Ghisi, dit le). La Dispute du Saint-Sacrement et la copie, l'école d'Athènes, la Visitation, Ascension, sainte Catherine, le Cimetière, Jugement de Pâris, le Songe, la Calomnie, les Cyclopes, le Cimetière, Hercule, Bataille navale. Douze pièces, d'après Raphaël et autres maîtres.

151. Vierge et Enfant-Jésus, Jugement de Pâris, le Songe, la Calomnie, Prisonnier, le perfide Sinon, Memnon, Procris et Céphale, deux épreuves, une avant l'adresse, de Lafrery, Angélique et Médor, les Pendentifs de Fontainebleau, Cimetière, Neptune et Amour sur des dauphins, etc. Quarante-trois pièces d'après divers maîtres, par *Adam, Diana* et *Georges Mantuan*. Deux lots.

152. Masson (Antoine). Jésus à table avec ses disciples à Emmaüs, d'après le Titien. Pièce dite *la Nappe*; elle est encadrée.

153. Marin Cureau de la Chambre, d'après Mignard. Premier état avant les contre-tailles sur la joue droite.

154. La Duchesse de Guise et Marin Cureau, deux pièces d'après Mignard. Belles épreuves du premier état ; elles sont encadrées.

155. MECKEN (Israël de). Les Pèlerins d'Emaüs, épreuve coupée. Deux des Vierges sages (158-159) et une pièce dans le goût de *Mecken*. Quatre pièces.

156. MEER DE JONGHE (Van der). Les Brebis.

157. MICHEL-ANGE BUONARROTI (d'après). Le Jugement dernier, gravé par *G. Mantuan*. Le même par Nicolas *de la Casa, Ant. Salamanque excudit 1543-48*. 45 pièces. Deux lots.

158. Les Figures de la Chapelle Sixtine, les Prophètes et les Sibylles, etc. Cent soixante-seize pièces gravées par *les Mantuan* et au trait par *Piroli*. Deux lots.

159. Flagellation, saint Pierre, saint Jérôme, la Piété, Christ au tombeau, le Jugement dernier, par *Bonasone*, les Grimpeurs, etc. Vingt-neuf pièces.

160. Léda, les Prophètes, le Jugement dernier, etc. Trente-trois pièces par le *Maître au dé*, *Chérubin Albert*, *Léonard Gaultier* et autres.

161. MIEL (Jean). La Veille (2), le Joueur de musette (1), le Berger (3), une Bataille, de l'ouvrage de Strada (6). Huit pièces, plusieurs doubles. Deux lots.

162. Mieringh (Albert). Paysages, quatre pièces, vues du Rhin, par *Van-Aken*, etc. En tout neuf pièces.

163. Montagna (Benoît). Homme au palmier (28), les Forges de Vulcain, pièce dans le goût de ce maître, par un anonyme.

164. Moor (Carle de). Portrait de Mieris, peintre, gravé à l'eau forte.

165. Morin (Jean). La Vierge, d'après le Titien, Portraits d'Anne d'Autriche, Christine, Duvergier de Hauranne, prince de Conti, Franque, d'Harcourt, Henriette Lemon, Marillac, Tubœuf, Philippe IV, etc. Trente pièces à l'eau-forte, de ce nombre plusieurs doubles. Cet article sera divisé.

166. La Vierge du Titien, Paysages, d'après Fouquier, par Morin. — Christ, d'après Champagne, Paysages et Marines gravées dans le goût de Morin, par *Montaigne*. Dix-huit pièces à l'eau forte.

167. Nanteuil (Robert). Son œuvre, selon l'ordre du catalogue de M. *Robert Dumesnil*. Moïse (n° 1, R. D.), troisième état, Sainte-Famille (2), les quatre Évangélistes (7), troisième état, vignettes (n°ˢ 11, 13, 14, 15, 16, 17, 18), Jacques Amelot (19), premier état; Michel Amelot (20, 21); Anne d'Autriche (22), deuxième état, (23), premier état; Arnauld de Pomponne (24), premier état; Aubray (25); Auvry (26), pre-

mier état; Bailleul (27), premier état; Barberin (28, 29), premier état (30); Barillon (31); Bartillat (32), premier état; Beaufort (33), premier état; Beaumanoir (34 et 35), premier état; Bellièvre (36), premier état (37), deuxième état; Benoise (38); Blondeau (40); Blondel (41), deuxième état; Bochart de Sarron (42); Boileau (43); Bosquet (44), deuxième état; Bossuet (45), premier état; Boucherat (46); Bouchu (47), premier état; Frédéric, duc de Bouillon (48), deuxième état (49); Godefroy de Bouillon (50), cinquième état; Emmanuel de Bouillon (51), premier état (52), premier état (53), premier état; Le Bouthillier (54, 55), premier état (56); Marie de Bragelonne (57), deuxième état; Castelnau (58); Chamillard (59), deuxième état; Chapelain (60), premier état; Charles-Emmanuel, duc de Savoie (61); Charles II de Gonzague (62); Charles V de Lorraine (63); duc de Chaulnes (65), premier état; Chavigny (66); Christine, reine de Suède (67), troisième état; Clermont-Tonnerre (68), premier état; Coislin (69, 70), premier état; J.-B. Colbert (71), premier état (72), prem. état (73), manque la thèse (76), deuxième état; J.-N. Colbert (77, 78), premier état; Condé (79); Courtin (80), premier état; Créqui (81), premier et deuxième état, le premier mal conservé; Desève (82); Donné d'Attichy (83); Dorieu (84); Dulieu de Chenevoux (85); Comte de Dunois (86), Dupuy (87, 88, 89), premier état); duc d'Enghien (90);

Espernon (91), deuxième état ; d'Estrées (92),
Faure (94); Feret (95), premier état; Fieubet
(96); Fouquet (97, 98), premier état ; Fustemberg (100), premier état ; Gassendi (101), premier état ; Gillier et mad. de Gillier (102, 103);
Guebriant (104), premier état; Guenault (105);
Guénégaud (106); Harlay de Chauvallon (107,
108), premier état; Hesselin (109), deux épreuves, une avec le cadre, et 110, premier état ;
Jean-Frédéric, duc de Brunswick (111); Jeannin (112); Joly (113), premier état; La Barde
(115); La Chambre (116), premier état ; Lallemant (117); La Meilleraye (118); Lamoignon
(119), premier état (120 et 121), premier état ;
Larcher (122), premier état; Lavrillère (123);
Le Boultz (124); Le Coigneux (125); Le Masle
(126); Le Paultre (127), deuxième état; Michel
Le Tellier (128, 129), premier état, 130, 131,
132, 134, 135), deuxième état (136, 137),
deuxième état ; Maurice Le Tellier (138, 139),
deuxième état (140), premier état (141), premier état; La Mothe Levayer (143), premier et
deuxième état; Ligny (144, 145); Lionne (146);
Paul de Lionne (147); Loménie de Brienne (148),
premier état; duc de Longueville (149); Loret
(150), deux épreuves, deuxième et troisième état;
Lotin de Charny (151); Louis XIV (152), deuxième
état, (153), deux épreuves, premier et deuxième
état (155, 156, 157, 162), troisième état; Louis
Dauphin (163), premier état ; Louise-Marie de
Gonzague (164), premier état ; Maisons, (165,

166), troisième état; Le Mallier (167), deuxième état; Maridat (168); Marie-Jeanne de Savoie-Nemours (169), premier état; Marin de la Chategneraye (170), premier état; Marolles (171), premier état; Matignon (172), premier état; Maupeou (173); le cardinal de Mazarin (174), premier état (175), premier état (177), deuxième état (178, 179, 180, 182, 183, 184, 182), manque la thèse (186), premier état (187), premier état; Ménage (188), premier état; duc de Mercœur (189); Mesgrigny (190); Henri de Mesmes (191); Jean-Antoine de Mesmes (192); Molé (193); Matthieu Molé (194); François Molé (195); Montpezat (196); Mouy (197); duc de Nemours (198), premier état (199), premier état; duchesse de Nemours (200); Nesmond (201); François Nesmond (202), deuxième état ; De Neufville (203), deuxième état (204), premier état; Novion (205), deuxième état (206) deuxième état (207), deuxième état ; duc d'Orléans, dit Monsieur (208), premier état ; d'Ormesson (209), prem. état; Payen-Deslandes (210); Perefixe (211, premier état 212, 213, 214), premier état; Poncet (215), premier état; Regnauldin (216), premier état; cardinal de Retz (217), premier état; cardinal de Richelieu (218), premier état; comte de Saint-Paul (219); Sarrazin (220), deuxième état; Scudéri (221), premier état ; Pierre Seguier (222), deuxième état (223), deuxième état ; Seguier de Saint-Brisson (224); Servien (225), premier état ; Steenbergerghen

(226), prem. état; Suze (227). Talon (228, 229), premier état; Thevenin (230, 231), deuxième état; Turenne (232), deuxième état (233), troisième état; Voiture (234). *Appendice*. Pierre de Bonzi (n° 1, deux épreuves, une du premier état, une du dixième); Boucherat, chancelier (2), premier état; Coislin (3); Lecamus (4), deuxième état; Le Tellier (5); Louvois (6), premier état.

Cet article contient deux cent dix huit portraits sur les deux cent quarante dont se compose l'œuvre de Nanteuil; ils sont en grande partie en très belles épreuves du premier état et bien conservés, plus sept épreuves doubles avec des différences.

168. Doubles de l'œuvre ci-dessus; ce sont les numéros : 19 à 23, 25 à 37, 39 à 43, 48 à 50, 53, 54, 56, 57, 58, 60, 63, 65, 66, 68, 69 à 72, 77 à 82, 84, 87 à 89, 91, 92, 95, 97, 98, 99, 109, 110, 112, 113, 115, 117 à 119, 126, 128, 129, 134, 135, 139, 140, 141, 143, 146, 147, 149, 150 à 153, 155, 156, 162 à 164, 166 à à 172, 174, 178, 179, 182, 184 à 186, 188, 189, 191 à 193, 195 à 202, 204, 205, 208, 209, 212, 213, 214, 215, 216, 218, 219 à 221, 223 à 230, 231, 233, 234. *Appendice* 3, 4. Environ deux cent vingt-cinq portraits, plusieurs doubles avec différences d'états. Cet article formera plusieurs lots.

169. NIEULANT (G. et C. Van). Paysages. 89 pièces.

170. Nicoleto de Modène (attribué à). Copie du Silène de Mantègne, pièce non décrite.

171. Nolpe (Pierre). Entrée de Médicis dans Amsterdam, la Digue rompue, etc. 9 pièces.

172. Ostade (Adrien van). Son œuvre en 52 pièces à l'eau forte, plus 6 copies et son portrait en manière noire, par Gole.

173. Trente-quatre pièces doubles de l'œuvre ci-dessus.

174. L'Épouilleuse, elle est coupée au trait carré. Pièce rare.

175. Sujets familliers. 31 pièces à l'eau forte.

176. Oudry (Jean-Baptiste). Le Chien (1), avec l'adresse de Gautrot, et les Quatre Chasses (1 à 4), avant l'adresse d'Huquier, et les numéros.

177. Les Quatre Chasses (1 à 4), et 45 pièces d'après Oudry, de la suite des fables.

178. Pencz (George). Les Triomphes selon Pétrarque, suite de 6 pièces, le Siége de Troye. 1 pièce.

179. Sujets de l'Ancien et du Nouveau-Testament, Histoire d'Agar, suite de la vie de Jésus, les Œuvres de Miséricordes, Aréthuse, sujets de l'histoire romaine, etc. 80 pièces.

180. Les Triomphes de Pétrarque. 6 pièces. Belles épreuves.

181. Pesne (Jean). Esther (14), épreuve avant l'adresse de Vallet, Nativité (15), on lit : à

Paris, chez Est. Gautrel. rue Saint-Jacques, à l'image Saint-Maur, Saphyre (19), épreuve avant l'adresse de Drevet. 3 pièces, d'après N. Poussin.

182. Poilly (François de). La Nativité, d'après le Guide, épreuve avant les anges qui se voient dans le haut de la composition aux épreuves postérieures. Rare.

183. Pontius (Paul). Thomiris, d'après Rubens. Belle épreuve.

184. La même. Belle épreuve encadrée.

185. Christ portant la croix, la Pentecôte et Suzanne et les vieillards, Rockock, Uladislas, Ferdinand Dautriche, etc. 9 pièces.

186. Potter (Paul). Le Vacher (14) le Berger (15), Suite de huit vaches (n°s 1 à 8 appendice), à la première l'adresse de *Clément de Jonghe*.

187. Porporati (Carle). La mort d'Abel, d'après Van der Welf, Garde à vous, d'après A. Kauffman, Agar reçue et Il n'est plus temps, ces deux dernières gravées par *Massard* et *Audouin*.

188. Poussin (d'après Nicolas). Les Sept Sacrements d'après N. Poussin, par *Dughet*. 7 pièces.

189. La Passion d'après N. Poussin, par *Stella*. 14 pièces.

190. Paysages dédiés à Louis de Bourbon Condé. 4 pièces d'après N. Poussin, par Baudet.

191. Divers sujets de l'Ancien et du Nouveau-Testament, de l'histoire Profane, de la Mythologie,

Bacchanales, etc, gravés *Pesne, Gérard, Benoist et Jean Audran, Chasteau, Coelemans, Laurent* et divers autres graveurs aux xvii°, xviii° et xix° siècles. 89 pièces d'après N. Poussin. Cet article formera trois lots.

192. Vierge aux anges, Rébecca, Femme adultère, le Temps enlevant la Vérité, etc. 9 pièces, par *Pesne, Audran, Rousselet* et autres graveurs, d'après N. Poussin.

193. Le Repos en Egypte, par *Delpo*, Mars et Vénus, par *Fabricus Clarus*, les Travaux d'Hercule, par *Pesne*, etc. 32 pièces, d'après N. Poussin.

194. Sainte-Famille, par Poilly, épreuve avant la lettre, Adoration des Rois, par Avice, pièce rare, avec l'adresse : *à Paris, chez Anth. De Fer, à l'Age de Fer,* Adoration des Bergers, par Natalis, épreuve avant la lettre. 3 pièces, d'après N. Poussin.

195. Baptême de Jésus, Pyrus sauvé, le Frappement du Rocher. 3 pièces, par *Audran* et Cars, d'après N. Poussin.

196. Le Testament d'Eudamidas, le Ravissement de saint Paul, l'Assomption de la Vierge, la Samaritaine, Saphyre et la Femme adultère. 8 pièces gravées d'après N. Poussin, par *Pesne, Audran, Chasteau* et *Natalis.*

197. RAIMONDI (Marc-Antoine). Dieu ordonnant à Noé de bâtir l'arche (n° 3 du Peintre graveur de Bartsch).

198. David coupant la tête à Goliath (10), Descente

de croix (32), Vierge à l'escalier (45), cinq saints (113), sainte Félicité (117) copie. 5 pièces.

199. Le Martyre de sainte Félicité (117). Très belle épreuve bien conservée.
200. La Cène (26), sainte Félicité (117).
201. Sainte Félicité (117, Vierge à l'escalier (45), et la copie. Trois pièces.
202. Martyre de saint Laurent (104) et la copie, Descente de croix (32).
203. Le Massacre des Innocents (20), Descente de croix (32) et la copie, Vierge à l'escalier (45) et Vierge au palmier (62), sainte Félicité (117). 7 pièces.
204. Les Apôtres (64 à 76-79 à 91), plusieurs suites, une seule complète. 55 pièces. Cet article sera divisé.
205. Le Triomphe (213) et la copie. 2 pièces.
206. Les deux mêmes estampes.
207. La Cassette d'Homère (207), les Trois Grâces (340), Galathée (350), Quos Ego (352). 4 pièces.
208. La Cassette d'Homère (207), Jugement de Pâris (245) et la copie, Triomphe (213) et la copie, Quos Ego (352), Jeune homme au brandon (360), etc. 8 pièces.
209. Les Vertus (386 à 392), le Jeune et le Vieux Bacchant (294), un fragment du bas-relief (284), la Peste (417), le Jeune Olympe (309). 12 pièces.
210. Le Triomphe (213), le Satyre et l'Enfant (281), Quos Ego (352), la Cassolette (489), Nymphe et Satyre. 5 pièces.
211. Jugement de Pâris (245) et deux copies, Vénus

et l'Amour (318), Galathée (350), Satyre enlevant une Nymphe (300), Jeune Olympe (309). 7 pièces.

212. Didon (187), les angles de la galerie Ghigi (342 à 344), les Femmes au zodiaque (397), la Peste (417). 6 pièces.

213. Vénus et l'Amour (286), le Drapeau (481), Constantin (495). 3 pièces. Belles épreuves : la première par *A. Vénitien*, elle vient du cabinet de M. Debois.

214. La Bacchanale (248), Satyre portant une nymphe (300), Appollon (334), Mars et Vénus (345), épreuve tirée sur vélin, la Peste (417), Chasse aux lions (422). Sept pièces.

215. Scipion l'africain (189), Cassette d'Homère (207), Enlèvement d'Hélène (209), Jugement de Pâris (245), Quos Ego (352), Jeune homme au brandon (360). 9 pièces.

216. Enlèvement d'Hélène (209), Bas-reliefs (223-225), le Jugement de Pâris (245) et la copie, le Jeune Olympe (309), la Chasse aux Lions (422). 7 pièces.

217. L'Enlèvement d'Hélène (209), Faune et Tigre (307), Galatée (350), Quos Ego (352), Chasse au Lion (422), la Cassolette (489) et la copie, les Grimpeurs (423), Aretin (513), 9 pièces.

218. Les Effets de la Jalousie, copie de l'estampe d'Albert Durer. Très belle épreuve avec la signature de *P. Mariette*, 1649, au crayon. Bartsch ne décrit pas cette estampe.

219. La Vie de la Vierge, 17 estampes gravées d'a-

près Albert Durer, par Marc-Antoine, 1 vol. in-fol. obl. Dans le même volume, la suite de la Passion gravée en bois d'après *Albert Durer*, 34 pièces des 37 dont la suite se compose.

220. Diverses copies des plus belles estampes de Marc-Antoine, 70 pièces, de ce nombre des doubles. Cet article sera divisé.

221. Augustin Vénitien. Le Sacrifice d'Isaac (5), Nativité (17), Mise au Tombeau (31), Ananie frappé de mort (42), Elymas aveuglé par saint Paul (43), Iphigénie (194), l'Empereur rencontrant le guerrier (196), Camille (201), Tarquin (208), Silène (240), Hercule enfant (312), Vénus et Vulcain (326), Apollon (328), Atelier de Baccio Bandinelli (418), le Cimetière (424), les Grimpeurs (423), le Drapeau (482), etc. Soixante-six pièces d'après Raphaël, Jules Romain et Bandinelli, de ce nombre plusieurs sont doubles. Cet article sera divisé.

222. Marc de Ravenne Isaac, le Massacre des Innocents d'après Bandinelli et la copie, Galatée, la Force, Vénus sur des Dauphins, Laocoon, etc.; 13 pièces d'après Raphaël, Bandinelli, etc.

223. *École de Marc-Antoine*. Joseph vendu par ses frères, Ascension de N.-S., Assomption de la Vierge, Bataille, Histoire d'Apollon, Combat Naval, Bas-reliefs, etc.; 25 pièces d'après Raphaël, par le *Maître au dé*.

224. *Ecole de Marc-Antoine.* L'Histoire de Psyché, les n°ˢ 4, 8, 10, 14, 17, 19, 20, 22, 25, 27, 28, 29, 30, 31, en tout 19 pièces dont 5 doubles, épreuves avant les adresses de Salamanque.
— L'Histoire de Psyché, suite complète, 32 pièces avec les adresses.
— Soixante pièces doubles de la suite ci-dessus.

225. *Ecole de Marc-Antoine.* Christ mort sur les genoux de la Vierge, Jésus descendant aux Limbes, saint Paul, la Pentecôte, les Fils de Niobé, Banquet des Dieux, Mort de Méléagre, etc., 26 pièces d'après Michel-Ange, Baccio Bandinelli et Raphaël, gravés par *Kartarus, Caraglio, Cavalleris* et des anonymes de l'école de Marc-Antoine, 26 pièces.

226. *Ecole de Marc-Antoine.* L'Incendie del Borgo, le Festin des Dieux, les Fils de Niobé, la Chute des Géants, les Sybilles, Bas-reliefs Antiques, etc., 31 pièces d'après Michel-Ange, Bandinelli, Raphaël, par des anonymes de l'école de Marc-Antoine. Trois lots.

227. La Charité, par un anonyme, Apollon et le satyre Marsias gravé par Meier en 1581, 2 pièces.

228. ROBETTA. L'Adoration des Rois (6), le Jeune Homme lié à un arbre (17).

229. Double de cette dernière pièce.

230. ROTA (Martin). Massacre des Innocents, Sainte Famille du Titien, Jésus donnant les clefs à

saint Pierre, la Flagellation, et portrait d'André Gail, 5 pièces.

231. VICO (Enée). Annonciation, Judith et Holoferne, les Grâces, l'Enlèvement des Lapithes, une statue, sept pièces d'après Raphaël et d'après l'antique.

232. RAPHAEL (d'après). Diverses têtes calquées sur les tableaux de Raphaël et gravées par *Fidanza*, 54 pièces.

Têtes prises dans les tableaux de Raphaël et au trait; plus quatre têtes d'après Massacio, en tout 18 pièces.

233. Le Buisson Ardent, les Cartons, Ecole d'Athènes, les Tapisseries, les Candelabres, un d'après Raphaël, l'autre est d'après Michel-Ange, etc., 24 pièces gravées par *G. Mantuan*, *Aquila*, *Thomassin*, etc.

234. Sainte Cécile, Bataille de Constantin, le Parnasse; 33 pièces d'après Raphaël, plus 16 pièces d'après Jules Romain.

235. Les Planètes, l'Histoire de Psyché de la loge Gighi, Bataille de Constantin, etc., 25 pièces gravées par Dorigny et Aquila. Deux lots.

236. Les loges de Raphaël, par Chaperon, les Stucs, par *Bartoli*, copies d'estampes de Marc-Antoine, 125 pièces d'après Raphaël, contenues dans un portefeuille.

237. La Bataille de Constantin gravée par *Cavallerius*, les Noces de Rébecca d'après Peruzzi; on

lit au bas de l'estampe : *Gisbertus de Veni. Ludunensis Battaviæ sculpsit.*

238. REMBRANDT. *Première classe. Portraits de Rembrandt* n° 1, 2, 8, 14, 15 et la copie, 16, 24, 26 et 363, quinze pièces. (Ces numéros et les suivants sont ceux du catalogue de l'œuvre de Rembrandt, par A. Bartsch.

239. *Portraits de Rembrandt* n° 17, 19, 20 et 22.

240. Portrait de Rembrandt appuyé (21), rare et un des plus beaux de cette classe.

241. *Deuxième et troisième classe.* Sujets de l'Ancien et du Nouveau Testament, Adam et Ève (28), Abraham qui reçoit les trois anges (29), Agar renvoyée (30), Abraham caressant Isaac (33), Abraham et Isaac (34), le Sacrifice d'Abraham (35), Jacob pleurant la mort de Joseph (38), Joseph et Putiphar (39), Tobie le père aveugle (42), l'Ange disparaît devant la famille Tobie (43), la Samaritaine (70), la Décollation de saint Jean-Baptiste (93), 12 pièces, anciennes épreuves.

242. *Deuxième et troisième classe.* Mardochée (40), Nativité (45), Fuite en Egypte (53, 55), Repos en Egypte (57), Jésus au milieu des Docteurs (64, 65), le Denier de César (68), Résurection du Lazare (72), Jésus au Jardin des Oliviers (75), les Trois Croix (79), Descente de Croix (83, 84, 86), les Disciples d'Emaüs (88), Jésus

au milieu des Docteurs (89), Mort de la Vierge (99), etc., 21 pièces anciennes épreuves.

243. Le Sacrifice d'Abraham (35), Jésus prêchant ou la petite tombe (67), le Bon Samaritain (90), 3 pièces anciennes épreuves.

244. Le livre *Piedra glorioza ò do la estatua de Nebucadnezar*, etc., c'est-à-dire : Pierre glorieuse, ou de la statue du Nebucadnezar, avec plusieurs et diverses autorités de la Sainte Ecriture et des savants anciens. Cet ouvrage en 1 vol. in-12 publié à Amsterdam en 1655 par le juif *Ménassé Ben-Israel*, ami de Rembrandt qui lui a gravé pour ce livre quatre vignettes des sujets suivants, l'Echelle de Jacob, David et Goliath, la statue Nabuchodonosor, et la vision d'Ezechiel (n° 36 de Bartsch).

— Ces quatre vignettes sont très rares et plus encore de les trouver réunis au livre, car Bartsch qui a parlé de ce livre d'après Gersaint, ne l'a pas pu rencontrer. Notre exemplaire est en demi-rel. hollandaise, mais un peu rognée, deux des vignettes sont rognées près le trait carré.

245. Deux doubles des quatre précédents sujets, ce sont David et Goliath et la vision d'Ezechiel, cette dernière sur velin (cabinet Poggi).

246. Pièce aux Cent Florins (74), belle épreuve du deuxième état de *Bartsch*.

La même estampe, même état.

La même estampe, retouchée à l'encre de Chine.

La même estampe, premier état de la retouche du capitaine Baillie.

247. Circoncision (48), Présentation au Temple (51), Jésus au Tombeau (86), le Bon Samaritain (90), Pierre et Jean à la porte du Temple (95), la mort de la Vierge (99), l'Étoile des Rois (99). 7 pièces.

248. Abraham et les Anges (29), Sacrifice d'Abraham (35), Mardochée (40), Circoncision, Fuite en Égypte (52, 53), la Petite Tombe (67), Bon Samaritain (90), Baptême de l'Eunuque (98). 9 pièces, belles épreuves.

249. Retour d'Égypte (60), la Samaritaine (70), résurrection du Lazare (73), quatrième état, Baptême de l'Eunuque (98), le Bon Samaritain (90). 5 pièces, belles épreuves.

250. Circoncision (48), Présentation au Temple (49), Jésus et les Docteurs (66), Vierge dans les Nuages (80), Décollation de saint Jean (93), Saint Pierre et saint Paul à la porte du Temple (94), Saint Pierre (96), le Martyr de saint Étienne (97), Saint Jérôme (102-105), un Philosophe en méditation (147). 15 pièces, anciennes épreuves.

251. Cent-soixante-dix pièces gravées à l'eau-forte par Rembrandt, doubles de celles décrites ci-dessus des trois premières classes, *portrait de Rembrandt, Ancien et Nouveau Testament*. Cet article formera sept lots.

252. *Quatrième classe.* Sujet pieux. Saint Jérôme (103) Belle épreuve d'une jolie pièce.

253. *Cinquième et sixième classes. Sujets allégoriques, historiques, de fantaisies.* **Gueux ou Mendiants.** La Jeunesse surprise par la mort (109), la Fortune contraire (111), Médée (112), la Faiseuse de Kouk's (124), le Dessinateur, l'Amour couché (132), Philosophe, etc. 7 pièces.
254. Chasses aux Lions (114, 115, 116 et 117), Cavalier (139). 5 pièces, belles épreuves.
255. La Coupeuse d'ongle (127). Belle épreuve.
La même estampe.
256. Figure orientale (118), l'Orfèvre (123), les Baignets (124), le jeu de Kolf (125), le Maître d'École (128), le Dessinateur (130), le Joueur de Cartes (136), Académies (193-194). 12 pièces.
257. Les Musiciens ambulants (119), le Paysan avec Femme et Enfant)131), Juif à grand bonnet (133), Paysan les mains derrière le dos (135), Aveugle jouant du Violon (138), Figure polonaise (140, 141), Petite Figure polonaise, copie du (142), Vieillard vu par le dos (143), Vieillard sans barbe (150), Vieillard à courte barbe (151), Gueux (162, 163, 164, 165, 166, 168, 170, 172, 173, 174, 176, 177, 178, 179). En tout 27 pièces, anciennes épreuves.
258. Le Petit Chien (158). Pièce rare.
259. Cent dix-sept pièces par Rembrandt, doubles des cinquième et sixième classes. Sujets allégorique et Gueux ou Mendiants. Cet article formera quatre lots.
260. *Septième classe. Sujets libres. Figures académiques et Femmes nues.*

261. Le Moine dans le bled (187), morceau très rare; l'Homme qui pisse (190).

262. L'Espiègle (188), la Femme au poêle (197), épreuve sur papier du Japon; Femme nue (198), Femme au bain (199), épreuve sur papier du Japon; Femme nue les pieds dans l'eau (200), Vénus au bain (201), Femme nue dormant (204). 7 pièces, très belles épreuves.

263. *Huitième classe.* Paysages. Le Berger et sa Famille (220), la Chaumière au grand arbre 226), la Barque à la voile (228). 3 pièces.

264. L'Obélisque (227), Village à la Tour carrée (218). 2 pièces.

265. Vue d'Amsterdam (210), la Chaumière entourée de planches (232). 2 pièces.

266. Canal aux Cignes (235), Paysages au Bateau (236). 2 pièces.

267. Paysage au Dessinateur (219), le Berger et sa famille (220), et la copie du Pont de Six avec les Deux Chapeaux blancs. 3 pièces.

268. Vue d'Omval (209), l'Abreuvoir (231), Campagne du Peseur d'or (234). 3 pièces.

269. La Campagne du Peseur (234), Paysage aux Cygnes (235), l'Abreuvoir à la Vache, copie (237). 3 pièces.

270. *Neuvième et dixième classes. Portraits d'Hommes et Têtes d'Hommes et de Fantaisies.*

271. Portrait de Clément de Jonge (272), belle épreuve du premier état; elle vient du cabinet de M. Debois.

272. Portrait de Jean Lutma, orfèvre de Groningue

(276), très belle épreuve du premier état, avant la croisée et les noms de *Lutma* et *Rembrandt*, d'un des plus beaux portraits de Rembrandt ; elle vient du cabinet de M. Debois.

273. Le même portrait, très belle épreuve, deuxième état avec la croisée et les noms; elle vient du cabinet de Chàlon, célèbre amateur hollandais.

274. Jean Silvius (280), belle épreuve d'un beau portrait.

275. Utembogaerd, dit le Peseur d'or (281), épreuve du cabinet Borduge.

276. La même estampe.

277. Jean Silvius (266), Asselin (277), Bourgmestre Six, et la copie par Basan, Tête orientale (286). 5 pièces.

278. Homme assis réfléchissant (268), le Juif Ménassé Ben Israël (269), Renier Ansloo (271), Homme en cheveux (289), Silvius (280), Portraits de Rembrandt (20-22), etc. 10 pièces.

279. Homme sous une treille (257), Homme avec chaîne et croix (261), deux épreuves avec différences, deuxième et troisième états; Homme à barbe courte et bonnet fourré (263), Van der Linden (264), Vieillard à barbe carrée (265), Renier Ansloo (271), Clément de Jonghe (272), Abraham France (273), Utemborgaerd (279), Tête orientale, copie (288), Homme en cheveux (289), Jeune Homme à mi-corps (310), Homme à chapeau à grands bords (311). 14 pièces.

280. Vieillard portant la main à son bonnet (259), Vieillard à grande barbe (260), Vieillard à barbe carrée (265), Menassé Ben-Israël (269), Têtes de Vieillards (291, 292, 293, 295), Têtes d'Hommes (304, 309), Jeune Homme à mi-corps (310), Vieillard à barbe carrée et bonnet (314), copie; Tête de Vieillard (325), Tête grotesque (326, 327). 27 pièces.

281. Portraits d'Hommes et de fantaïsies (259, 260, 290, 291, 296, 309, 315, 326, etc.). 25 pièces doubles de celles ci-dessus.

282. Cent-dix portraits d'Hommes et Têtes de fantaisies, par Rembrandt, doubles des *neuvième et dixième classes*. Cet article formera trois lots.

283. *Onzième et douzième classes.* Portraits de Femmes. La Grande Mariée juive (340), Étude pour la Mariée juive (341), la Petite Mariée juive (342). 3 pièces.

284. Mère de Rembrandt assise (343 et 344), Liseuse (345), Mère de Rembrandt (349), Tête de la Mère de Rembrandt (354). Vieille avec voile noir (355), épreuve sur vélin; Petite Fille au panier (356), Mauresque (357), Vieille Femme (358), Têtes (359). 10 pièces.

285. Femme coiffée en cheveux (347), mère de Rembrandt (350, 351 et copie 352), Mauresque (357), Étude de six Femmes (365), Étude de trois Femmes (367, 368). 9 pièces.

286. Huit Portraits et Etudes de femmes doubles des *onzième et douzième classes*, dont la mariée juive.

Dix-neuf Portraits de Femmes, dont plusieurs de la mère de Rembrandt, etc., doubles des *dixième, onzième et douzième classes.*

287. Fragments (363 et 369). 2 pièces, très belles épreuves.
288. *Doubles de diverses classes.* Agar renvoyée par Abraham (30), Joseph et ses frères (37), Joseph et Putiphar (39), la Samaritaine (70), la Petite Tombe (39), le Marchand de mort aux rats (122), la Chaumière au grand arbre (226), Femme au bain (199), Vénus au bain (202). 9 pièces.
289. Chasse (116), l'Amour couché (132), paysage au dessinateur (219), Vue d'Amsterdam (210), Homme sous la treille (275). 5 pièces.
290. Marchand de mort aux rats (122), Coupeuse d'ongles (127), Amour endormi (132) et divers portraits nos 265, 269, Têtes de femmes et fragments, nos 366, 367, 358, etc. 10 pièces.
291. Diverses estampes, par Rembrandt, dont la coupeuse d'ongles. 14 pièces encadrées.
291 *bis.* La Descente de croix (81). Elle est encadrée.
292. *Ecole de Rembrandt.* Sujets et portraits copiés sur les estampes de Rembrandt par divers graveurs anciens et modernes. 67 pièces, deux lots.
293. *Ferdinand Bol.* Sacrifice d'Abraham, saint Jérôme, Femme à la poire, Philosophe et portraits. 8 pièces.
294. *Konig* et autres élèves et imitateurs de Rembrandt, décrits à l'appendice du catalogue de Bartsch. 10 pièces.

295. *Jean Livens*. Saint Antoine, Mercure et Battus, divers portraits d'hommes, etc. 11 pièces à l'eau forte.

296. *Van Uliet*. Loth et ses filles, les Métiers, la Musique, les Gueux, etc. 15 pièces à l'eau forte.

297. Dix pièces à l'eau forte, par *F. Bol, Latsman, Rodermont* et *Van Uliet*.

298. Richomme (M. Théodore). Adam et Eve, d'après Raphaël. Elle est encadrée.

299. Roghman (Roland). Vues de villes de la Hollande (n°ˢ 4, 5, 8 et 14), et 14 pièces gravées d'après Roghman, en tout 17 pièces.

300. Roos (Henri). Vaches, chèvres et moutons. 8 pièces à l'eau forte.

301. Roullet (Jean-Louis). Vierge au raisin, d'après Mignard, épreuve avant la lettre. Rare.

302. Rubens (d'après Pierre-Paul). Jésus au Jardin des Oliviers, Marche de Silène, Suzanne au bain. 4 pièces gravées en bois sur le dessin de Rubens, par *Jægher*.

303. Portrait de Rubens et celui d'Isabelle, par *Pontius*, la Vierge à l'oiseau et la contre-épreuve, l'Incrédulité de saint-Thomas, par *Bolswert*, Job, par *Vorsterman*, la Cène, par *Soutman*, épreuve avec l'adresse de Clément de Jonghe, saint Bavon, par *Pilsen*. 12 pièces, d'après Rubens.

304. Fuite en Egypte et saint Ignace de Loyola, par *Marinus*, Chasse, par *Suyderhoëff*, saint Thomas, par J. de Neeffs. 4 pièces, d'après Rubens.

305. Saint Christophe, par *par Van Eygouet*, saint Thomas, par *J. Neefs*, Chasse, par *Soutman*, etc. 7 pièces, d'après Rubens.

306. Ecce homo, Christ en croix, Descente de croix, par *Lauwers*, *C. Galle*, etc.

307. Nativité, saint Roch et sainte Rosalie, par *Pontius*, Ecce homo, par *Lauwers*, Daniel dans la fosse aux lions, par *W. de Leu*. 6 pièces, d'après Rubens.

308. Le Serpent d'airain, Vierges, Jésus et sainte Thérèse, Descente de croix, etc. 10 pièces, gravées par *B. et S. à Bolswert*, d'après Rubens.

309. Nativité, Adoration des Rois, la Vierge dans une niche d'architecture, Ecce homo, saint Laurent, etc. 6 pièces gravées par *Bolswert* et *C. Galle*, d'après Rubens.

310. Vierges, Triomphes de la religion, etc. 6 pièces gravées par *Bolswert*, *Pontius*, *Pierre de Jode*, *Vaumans*, *Vorsterman*, etc.

310 bis. Sujets de saints et saintes, gravés par *Vorsterman*, *W. Baillie*, *Lomelin*, etc. 33 pièces, d'après Rubens.

311. Massacre des Innocents, Jugement de Salomon, Elévation de la croix et la Magdeleine aux pieds de Jésus. 4 grandes pièces d'après Rubens, par *Ragot*.

312. Vierge et Enfant-Jésus, par *Joubert*, La Grande Kermesse. gravée par *Flipart*. 2 pièces, d'après Rubens.
313. Chasses et Bacchanales. 16 pièces, d'après Rubens, par *Soutman*, *W. de Leue*, etc.
314. Paysages, cinq de la suite des six grands, par *Bolswert*, et onze des petits, par divers graveurs, plus un gravé par *Vivarès*, en tout 16 pièces, d'après Rubens.
315. Les Plafonds de Windsor et Whitball, gravés par *Gribelin*, divers portraits, dont celui de Rubens, par *Pontius*, et celui par *Woollett*, d'après Van Dick, et autres de la galerie de Dresde. 30 pièces, gravées d'après Rubens.
316. Titres de livres, 24 pièces, d'après Rubens, plus trois pièces gravées par *Van Thulden*, pour l'entrée de Don Juan d'Autriche à Anvers.
317. La galerie du Luxembourg. Suite de 25 estampes, anciennes épreuves avant les numéros (voyez le n° 520).
318. 14 pièces de la même suite.
319. Histoire de l'empereur Constantin. Thomiris. Le Jardin d'amour, etc. 15 pièces gravées par *Tardieu, L'empereur*, et autres.
— Divers sujets d'histoire profane, mythologie, etc. 17 pièces.

320. ECOLE DE RUBENS. La Fuite en Egypte d'après Jordaens, par *Bolswert*. Deux épreuves, une avec l'adresse de Bloteling. Le reniement de Saint-Pierre d'après Seghers par *Bolswert*. Na-

tivité d'après Seghers par *P. de Jode*, etc.
6 pièces.

321. 47 pièces d'après Jordaens, Seghers, Diepenbeck, par *Bolswert*, *J. de Neeffs* et autres graveurs. Plusieurs de ces pièces aussi d'après Rubens. 2 lots.

322. RUGENDAS (Philippe). Combat de cavalerie. Scènes militaires, 56 pièces.

— RIDINGER. Sujets de chasse. Divers Animaux dessinés et gravés par ce maître. 87 pièces.

323. RUISDAEL (Jacques). Paysages (nos 1, 2, 3), plus une copie.

324. RYSBRAECK. Un Paysage N° 2, un Homme se repose, une Femme debout près de lui. Paysage par Hackert, avec l'adresse de *Clément de Jongh*. N° 1.

325. SCHMIDT DE BERLIN. Son portrait. Les bons Amis d'après Ostade. La Mère de Rembrandt. Le Prisonnier et diverses Têtes d'hommes et de femmes d'après Rembrandt. 37 pièces, belles épreuves.

326. SCHONGAUER (Martin). L'Encensoir, pièce rare; elle est mal conservée.

327. La copie de l'estampe précédente par un graveur moderne. 50 exemplaires.

328. Fuite en Egypte (7), épreuve rognée. Jésus devant Pilate (14). Saint-Christophe (48). Mort de la Vierge (33). Saint-Pierre (4). Saint-

Christophe (48). Plus une Fuite en Egypte avec la marque de *Martin Schongauer*, et une pièce dans le goût de ce maître, etc. 11 pièces.

329. SEEMAN (Reinier). Marines, suite de 12 pièces *Der de Deel* (n° 87 à 98, de Bartsch). 12 autres pièces de diverses suites.

330. SILVESTRE (Israël). Vues de Paris et Résidences royales. Vues diverses de châteaux et villes de France. Vues d'Italie, etc. 665 pièces, de ce nombre plusieurs par *les Perelles, Merian* et autres. Cet article sera divisé.

331. STOOP (Henri). Suite de chevaux, n° 1 à 12. Des doubles avec différence, plusieurs avant les numéros, mais mal conservés. 19 pièces.

332. STRANGE (Robert). Charles Ier, près de lui son cheval que tient un écuyer, d'après Van Dyck.

333. Vénus et Danaë, 2 pièces d'après Titien.

334. Les deux mêmes estampes encadrées.

335. Bélisaire d'après Salvator Rosa. Toilette de Vénus d'après le Guide. Esther d'après le Guerchin. 3 pièces.

336. Didon sur le bûcher. L'Amour. Apollon et le Mérite. Rémus et Romulus. César répudie Pompeia. 5 pièces.

337. SUANEWELT (Herman). Suite de vues de Rome (36 à 48). 13 pièces avec l'*excudit*.

338. Suite de Satyres (49 à 52). Fuite en Egypte. N° 5 de la suite d'Adonis. Petites Vues, n° 44,

45, 48, etc. 24 pièces, belles épreuves avec les mots *excudit*.

339. Vues de Rome Paysages. Fuite en Egypte, etc. 38 pièces, anciennes épreuves avec *excudit*.

340. Paysages et Vues de Rome. 39 pièces, plusieurs avec l'adresse de Bonnart.

341. SUAVIUS (Lambert). Le Christ et les Apôtres; au Christ on lit, sur une tablette à droite *Svavivs Leod inve* et *Tipogr.* et à gauche, 1548, *Isaie*, 1581. Jésus au milieu du peuple, *Karolus fecit*. Le Frappement du rocher, 2 épreuves; à l'une on lit : *Lamb. Com invent. Jerom. Cock excudebat* 1555. Au coin à droite, *Hans Collaert fecit*. 17 pièces.

342. SUYDERHOEFF (Jonas). Le Coup de couteau et le Bal d'après Ostade. Les Bourgmestres d'après Keiser. Divers portraits d'après Nègre et Sandrart, et le portrait de Thomas Howard d'après Holbein, par *Vorsterman*. 6 pièces. Cet article sera divisé.

343. TARDIEU (Alexandre). Le Saint-Michel d'après Raphaël, épreuve avant la lettre dite d'artiste; les noms tracés à la pointe.

344. TENIERS (d'après David). Divers sujets flamands. 107 pièces par divers graveurs, dont 18 à l'eau forte. 2 lots.

345. TITIEN et TINTORÊT (d'après). Les Peintures de Venise, gravées par Lefevre. Les Empereurs et

les Impératrices romaines. Amours des Dieux et autres sujets de la Mythologie. Les Triomphes de Pétrarque. Divers Paysages, etc. 180 pièces. Cet article formera 4 lots.

346. Le Triomphe du Christ d'après le Titien, grande planche gravée en bois, en plusieurs morceaux ; on lit au premier : *Calisto ferrante formis Romæ*, et dans la terrasse du bas, les lettres A à H. Le Déluge. Sainte-Famille. Laocoon, etc. Plus quelques pièces gravées en bois par des maîtres allemands au XVIe siècle. 21 pièces.

347. UDEN (Lucas Van). L'Abreuvoir, le Chariot, d'après Rubens, et Fuite en Egypte. 3 pièces.

348. UTEMBROUCK (Moïse). Divers paysages avec épisodes de l'Ancien-Testament et de la Fable. 29 pièces, de ce nombre plusieurs par *Vansomer* et *Isaac*.

349. VAEL (Jean-Baptiste et Corneille de). Scènes italiennes et autres sujets. 29 pièces, plusieurs d'après Pierre de Laer.

350. VELDE (Adrien Van de). La Bergère (17), premier état, mais mal conservée.

351. Vaches, Moutons et Chevaux. 12 pièces à l'eau forte. Deux lots.

352. VELDE (Isaïe Van de). La Sorcière, un des Eléments et divers autres pièces, par *H. Goudt*, *Teniers*, etc. 9 pièces.

353. Vernet (Joseph). Marines. 23 épreuves de deux différentes compositions.

354. Véronèse (Paul Calliari, dit). Les Noces de Canna, gravées par *Vanni*, et divers autres sujets détachés du cabinet Crozat, galerie Léopold, etc. 41 pièces.

355. Viegler (Simon de). Les canards, les dindons, moutons et béliers, les cochons, cheval traînant un tonneau, levriers, boucs et chèvres, deux levriers, un couché, etc. 12 pièces, 3 sont doubles.

356. Visscher (Corneille de). La Mère de Visscher, deux épreuves, une porte l'adresse de *Ram excudit*, portrait de Paep, les Trois Commères, d'après Ostade, épreuve avec l'adresse de *Clément de Jonghe*.

357. La Fricasseuse, les Violonneurs et les Patineurs, d'après Ostade, portraits de Copenol et Golling, ce dernier gravé par Lambert Visscher. 5 pièces.

358. Les Patineurs, la Fricasseuse, épreuve avec l'adresse de Clément de Jonghe, Buveur, d'après Ostade, le Four à chaux et les Brigands, d'après Pierre de Laer, cette dernière avant la lettre, Paysage avec animaux, d'après Berghem, par Jean de Visscher. 6 pièces.

359. Visscher (Corneille et Jean). La Fricasseuse, les Violonneurs, le Chat, et divers paysages avec animaux, d'après N. Berghem.

360. Vorsterman (Lucas). Job sur le fumier, Jésus apparait aux Saintes Femmes, d'après Rubens, Vierge du Mont-Carmel, d'après Michel-Ange du Caravage. 5 pièces.

361. Vorsterman (Lucas). Bataille de paysans, d'après P. Breughel. Belle épreuve.

362. Waterloo (Antoine). Paysages avec épisodes de l'Ancien-Testament, de la Fable, et Vues de Hollande. 143 pièces, plusieurs anciennes épreuves. Cet article sera divisé.

363. Weirotter (Edmond). Paysages, Ruines et Marines. 60 pièces à l'eau forte.

364. Paysages, Marines, gravés à l'eau forte par *Edmond Weirotter. Paris, Basan,* 1 vol. in-fol., cart.

365. Wick (Thomas). Sujets familiers (n°s 2, 3, 4, 14 et le n° 3 double).

366. Wilhaan fecit 1683. Assomption de la Vierge. Pièce à l'eau forte.

367. Wille (Jean-George). Cléopâtre, la Tante de Gérard Dow. épreuve avant la lettre, Sapeur des gardes françaises et Philosophe du temps passé. 5 pièces.

368. Cléopâtre, d'après Netscher, la Tante de Gérard Dow, le Maréchal de logis, les Soins Maternels et la Mort de Cléopâtre. 5 pièces.

369. Woollett (William). La Pêche, d'après Wrigth. Belle épreuve, dite aux eaux bleues; elle est encadrée.

370. Wouvermans (Philippe). Cent quatre-vingt-sept pièces gravées, d'après ce maître, par Moyreau et autres, de ce nombre le portrait de Wouvermans, d'après Visscher, et quelques pièces d'après Van Falens.

371. Zagel (Martin). Salomon adorant les idoles (1), saint Sébastien (4).

ESTAMPES DIVERSES.

École Italienne.

372. Dix-sept pièces gravées d'après André del Sarte, de ce nombre deux d'après Léonard de Vinci.

373. Communion de saint Jérôme d'après Dominiquin, par *Farjat* et *César Testa*, Travaux d'Hercule, etc. 31 pièces d'après le Dominiquin, le Guide, le Guerchin, etc.

374. Quarante-deux pièces d'après l'Albane, les Carraches, Lanfranc, Murillo, Solimène, Zucchero, etc. Deux lots.

375. Les Travaux d'Ulysse dans la galerie d'Ulysse à Fontainebleau, gravés d'après le Primatice par *Van Thulden*, Peintures du Primatice dans la salle du bal à Fontainebleau, gravées par *Betou*, diverses autres pièces gravées par *René Boivin*. 60 pièces.

376. Divers maîtres italiens, Pietre de Cortonne et autres. 10 pièces.

377. Paysages italiens et Vue de la villa Pamfili.

42 pièces d'après Benedette, Bolognèse, Marc-Ricci, Zuccarelli, etc.

378. Cent quarante-une pièces, d'après les tableaux des maîtres de l'Ecole de Venise, qui faisaient partie de la galerie de l'archiduc Léopold.

379. Deux cents pièces gravées à l'eau forte par *Baroche*, *Benedette*, *Biscaino*, *Bartoli*, *Carpioni*, *Cangiage*, *Farinati*, *Galleztruzi*, *Guide*, *C. Maratte*, *Proccacini*, *Salimbeni*, *Testa*, *Tempeste*, et autres peintres italiens. 200 pièces environ. Cet article sera divisé.

380. Vues de Venise, par *Canaletti*, Caprices, par *Tiepolo*, Animaux, par *Leoni*, *Londonio* et *Reinhart*. 19 pièces à l'eau forte.

381. Silène, saint Jérôme, par *Ribera*, Regulus, Policrate, OEdipe, par *Salvator Rosa*. 17 pièces à l'eau forte.

382. Le Christ et les Apôtres, vus à mi-corps. 13 pièces gravées par *D. Falcini* et *Bassani*.

Écoles Allemande, Flamande et Hollandaise.

383. *Ecole allemande.* Divers sujets de l'Ancien et du Nouveau-Testament. 159 pièces gravées en bois au XVIe siècle; plusieurs de ces pièces détachées de divers ouvrages.

384. *Ecole allemande.* Divers sujets par Beham, Lucas de Cranach, Virgile Solis et autres. 31 pièces.

385. Sujets familiers et intérieurs. 40 pièces d'après G. Dow, Mieris, Nestcher, etc.

386. Vingt-une pièces des Ecoles allemande, flamande et hollandaise, d'après Poelemburg et autres.
387. Poste d'Anvers, Blanchisserie, Ménage ambulant; ces 3 pièces d'après Wouvermans, et le Bon Berger d'après Van Bloemen. 56 épreuves de ces 4 sujets.
388. Vingt-et-une pièces gravées d'après les Ostade, Brauwer, etc.
389. Vingt-et-une pièces d'après Rembrandt, dont onze à la manière noire, par *Haid* et *Pether*.
390. Douze pièces gravées d'après Téniers et Rembrandt, par *Surrugue*, *Le Bas*, etc.
391. Paysages avec animaux, d'après Berghem, Bout, Van de Velde, Poelemburg, etc., gravés par *Basan*, *Le Bas*, *Visscher*, etc.
392. Paysages gravés d'après Both, Breughel, Breemberg, Dietricy, Poelemburg, etc. 24 pièces.
393. École allemande, flamande et hollandaise. Divers sujets saints, dont Ecce Homo, Christ en croix, Descente de croix, etc., par divers graveurs flamands, plus un dessin.
394. Les Mois de l'Année, par *Collaert*; les Cinq Sens, par *A. de Blois*; divers sujets de sainteté, par *Wierix*, etc. 49 pièces.
395. Divers espèces d'animaux gravés à l'eau-forte par Berghem, Stoop, Karle Dujardin, Van Kessel, Marc de Bye et autres peintres flamands et hollandais. 263 pièces.

École Française.

396. Dieu sur un trône et entouré d'anges; vieux bois imprimé sur vélin et colorié.
Copie du même sujet aussi en bois.

397. Divers sujets de l'Histoire sacrée et profane, gravés par *Étienne Delaulne, Duperac, Frédéric Breutel, Bosse, Subleyras* et autres maîtres français aux XVIe, XVIIe et XVIIIe siècles. 38 pièces.

398. Les Mois de l'Année, gravés par *Briot*; autres sujets, par *René Boivin, Woeriot*, etc. 24 pièces.

399. *Scola d'amore*, suite de 12 pièces gravées à l'eau-forte par *Scalberge en 1638*; architecture par *Ducerceau*, et divers sujets par *Jacques Bellange, Vignon*, etc. 43 pièces à l'eau-forte.

400. Trente-six pièces gravées à l'eau-forte par *S. Vouet, Perrier, Le Brun, Chéron, Parrocel, Dudot, S. Bourdon, Coypel*, etc.

401. Divers sujets gravés par *Morin Mellan* et *Huret*. 30 pièces.

402. Paysages, par *Francisque Millet*, 13; par *Mauperché*, 9; par *Dughet*, 2. En tout 24 pièces à l'eau-forte.

403. Sujets, paysages et animaux, gravés à l'eau-forte par *Morin, Montaigne, Oudry, Le Paultre, Robert, Saint-Non*, etc. 20 pièces.

404. Paysages, par *Baudouin, Bargas*, etc. 19 pièces.

405. Cent trente-et-une pièces gravées par et d'après *Lafage*, *La Rue*, *Lagrenée*, etc.
406. Le Taureau, d'après Paul Potter, et diverses autres pièces gravées à l'eau-forte par *Denon* et *Demarne*, et plusieurs gravées au burin d'après ce dernier. 20 pièces.
407. Saints et Saintes, gravés par *Pitau* et *Lauvers*. 16 pièces. Prophètes, par *David*. 21 pièces.
408. Résurrection, épreuve avant la lettre, et Annonciation, d'après Coypel, par *Drevet* et *Desplaces*. Adoration des Rois, d'après J. Romain, par *Desplaces*, épreuve avant la lettre. Le Silence, par *Hainzelman*. Sainte-Catherine, Louis XIV, d'après Mignard, par *Poilly*. Christ mort, par *Michel Lasne*. Sainte-Famille, par *Vanschuppen*, épreuve avant la draperie. La Charité, par *Daret*. Sainte-Famille, d'après Raphaël, par *Rousselet*. 10 pièces.
409. Christ mort, d'après S. Bourdon, par *Boullanger*. Silence, d'après le Carrache, par *Hainzelman*. David, d'après le Guide, par *Rousselet*. Christ mort, d'après A. Carrache, par *Roullet*. Déluge, d'après A. Véronèse, par *Edelinck*. 6 pièces par des graveurs français.
410. Les Quatre Cavaliers, l'Assomption, d'après N. Poussin, par Pesne; Lully, Mouton, l'Abbesse de Chelles, Adrienne Lecouvreur, la Princesse de Brandebourg, le Bouthilier. 6 estampes, par *Edelinck*, *Drevet*, *Nanteuil*; elles sont encadrées.
411. *École française*. Paysages gravés d'après Claude

66

le Lorrain, le Guaspre Poussin et S. Bourdon. 41 pièces, dont plusieurs du Recueil publié à Londres par Boydell. 2 lots.

412. Paysages, d'après Claude le Lorrain, le Guaspre Poussin. 19 pièces, plusieurs gravées par *Guintotardi*.

Paysages, par divers peintres français. 43 pièces.

413. Quarante-cinq pièces, d'après S. Vouet, par *Dorigny* et *Jacques Stella*. Les Pastorales, par *C. Stella*.

414. *École française*. Vingt-deux pièces gravées d'après Valentin, Bourdon, Mignard, etc.; plus 7 pièces d'après Vander Meulen.

415. Sainte-Famille, Vierges et Assomptions. 31 pièces gravées d'après Stella, Vouet, Le Brun, Jouvenet et autres peintres français.

416. Diverses compositions représentant des Ecce Homo, Christs en croix, Descentes de croix et autres sujets de la vie de Jésus. 34 pièces d'après des peintres français.

417. *École française, XVIIIe siècle*. Sujet mythologiques et autres, gravés d'après les tableaux de Coypel, Vanloo, Lafage, Nattier, Watteau, Lancret, Chardin, Lemoine, Pierre, Ieaurat, Le Prince, Huet et autres artistes français. 210 pièces. Cet article formera 3 lots.

418. Sujets familiers et gracieux, d'après Baudouin, Boilly, Krauss, Schenau et autres peintres de la fin du xviiie siècle. 79 pièces.

419. Dix-neuf pièces d'après Le Barbier, Prud'hon, Boilly et autres peintres français.
420. Saint Vincent de Paul, d'après Monsiau, par Barquoy, Daphnis et Chloé, d'après M. Hersent, par M. Gelée, et 2 lithographies, dont la Foire d'Auray. 4 pièces.

SUJETS DE L'ANCIEN ET DU NOUVEAU TESTAMENT.
Par et d'après divers Maîtres des trois Écoles.

421. Diverses compositions de Sainte-Famille, d'après Raphaël. 16 pièces.
422. Sujets de Vierges, Sainte-Famille, etc., d'après divers maîtres italiens et français. 50 pièces.
423. Diverses compositions de Vierge, Sainte-Famille, Assomption, etc., d'après Raphaël, Titien, Paul Véronèse et autres maîtres italiens. 30 pièces.
424. Diverses compositions d'Annonciation, Adoration des bergers, Présentation au temple, Visitation. 35 pièces d'après divers maîtres des trois écoles.
425. Adoration, Christ, sujets de la vie de Jésus et ses disciples, et autres sujets pieux, gravés d'après divers maîtres.
426. *Ecce homo*, Descente de croix, Mise au tombeau, Transfiguration. 43 pièces d'après des maîtres italiens.
427. Compositions de sainte Madeleine d'après divers maîtres, 17 pièces.
428. Saints et Saintes d'après divers maîtres, 143 pièces.

429. Diverses compositions, suite des Apôtres, de la Passion et autres sujets de la vie de Jésus-Christ, par des graveurs flamands et français.
430. Sujets de Betsabé, Suzanne au bain, Joseph et Putiphar, 16 pièces gravées d'après les compositions de Carrache, Coypel, Raoux, Rembrandt, etc.
431. Quarante-quatre pièces d'après les compositions des grands maîtres des écoles italiennes, détachées des galerie de Dresde, cabinet Crozat et autres recueils.

PORTRAITS.

432. Jeanne d'Arc, Henri IV, Charron, le Camus, Garnier, Faber, la Framboisière et autres personnages français sous les règnes d'Henri IV et Louis XIII, 17 pièces gravées par *Léonard Gaultier, Thomas de Leu, J. Granthome, Malery*, etc.
433. Charles V, par *Enée Vico*; le même personnage et Cosme de Médicis par *Nicolas de la Casa*, 3 pièces.
434. Portraits de Bouma et les comtes de Flandre, par *Visscher*; Cortenaer, par *Goltzius*; Philippe V, comte et comtesse d'Arundel, d'après Van Dyck, par *Vorsterman*; Giorgion, par *Van Dalen*, etc., 14 portraits. Cet article sera divisé.
435. Portraits en pied de la galerie de Richelieu, 18 pièces d'après Simon Vouet, Phil. Champagne.

436. Nicolas Poussin 1649, par *Pesne*, le même personnage, par *L. Ferdinand*.
437. Patin, deux différents portraits, et Boudan, par *Lefebure*; le Gouaz de la Boullaye, du Fresnoy, par de *Piles*; Langlois, par *Pesne*; Marolles, par *Coypel*; Hautinan, par *S. Bernard*, 8 pièces à l'eau forte, par des peintres français.
438. Brisacier d'Ormesson, Dupuy, par *A. Masson*; Louis XIV, par *Poilly* et autres personnages français, par *Edelinck*, *Drevet*, etc., 17 pièces.
439. Louise d'Orléans, mademoiselle de la Vallière, Christine de Suède, Marlboroug, saint Vincent de Paul et autres personnages de tous états français et étrangers, gravés par *Van Gunst*, *Baillie*, *Drevet*, *Vanschuppen*, *Pitau*, *Michel Lasne*, *Berric*, *Blot*, etc., 25 portraits.
440. Portraits de personnages français gravés par *Edelinck*, *Drevet*, *Sarrabat*, etc., d'après Rigaud et Largillière; le portrait de Molière d'après S. Bourdon, par *Beauvarlet*.
441. Saint Louis, Poisson, Adrienne Lecouvreur et autres personnages français, par *Edelinck*, *Masson*, *Drevet*, etc., 20 pièces.
442. Personnages français, Ecclésiastique, Légiste, etc., d'après Raoux, Tournière, Lefèvre, etc., 25 pièces.
443. Souverains, généraux et autres personnages français de divers états, d'après Silvestre, Parrocel, Aved, etc., gravés par *Drevet*, *Daullé* et autres, 20 pièces.
444. Portraits de divers personnages de tous états, français et étrangers, 41 pièces.

445. Louis-Philippe, par *Bein*; mademoiselle Mars, par *Lignon*; le roi de Prusse, M. Guizot, etc., 5 pièces.

446. Personnages de tous états français et étrangers, cinquante portraits gravés et lithographiés au xix⁹ siècle.

447. Portraits de divers personnages de tous états, la plupart français et provenant des suites de Desrochers, Montcornet, Odieuvre, et portraits modernes pour divers ouvrages modernes dont l'Artiste et autres, 479 pièces, trois lots.

ORNEMENTS, FLEURS, ETC.

448. *Ornements italiens*. Nielles pour l'arquebuserie, panneaux d'ornements, vases, etc.

449. Ornements des xvie et xviie siècles. par Et. Delaulne, Ducerceau, Mignot, Janssens, etc., 93 pièces.

450. Ornements des xvie, xviie, xviiie siècles, Arabesques, Trophées, Arquebuserie, Orfèvrerie, etc., par des orfèvres allemands, français, etc.

451. Vases Grecs, Romains, genre renaissance, rocaille, etc., 132 pièces dans un portefeuille dont la suite gravée par *Augustin Vénitien*.

452. Vases, meubles, décorations diverses, par *Le Paultre*, *Meissonnier*, *Lafosse*, *Cauvet*, etc. Un portefeuille.

453. Arabesques de Raphaël. 14 feuilles, et le développement; manquent les portes.

454. Arabesques, meubles, panneaux d'ornements

par *Bérain*, *Le Paultre*, *Cotelle*, *Lemoine*, *Cauvet* et autres. 300 pièces environ.

455. Arabesques diverses. 100 pièces.
456. Diverses statues, décorations, plafonds, lambris, vignettes, titres de livres, etc. 82 pièces dans un portefeuille.
457. Recueils d'ornements et d'armoiries. 24 pl. 40 exemplaires.
458. Vingt-quatre feuilles d'ornements lithographiés. Plus neuf feuilles de petits bouquets. Environ 400 épreuves.
459. Un portefeuille contenant 12 livraisons d'ornements de Beugnot, architecture de Neuforge, décorations de Percier, feuilles détachées d'ornements, de meubles, etc.
460. Un portefeuille contenant des armoiries et lettres ornées, détachées de divers ouvrages du xviie siècle.
461. Architecture, sculpture, vases et ornements antiques, par *Villemin*, traité de menuiserie, par *Boileau* et *Bellot*, ornements de lambris, par *Charmély*.
462. Collection de dessins d'ornement, composés et dessinés par Jacob Petit. Paris, Bance, 10 livraisons in-fol. 60 planches.
463. Détails d'ornements antiques et du moyen-âge. 52 pièces lithographiées, par *Romagnesi*.
464. Diverses espèces de fleurs et bouquets, composées et gravées par *Baptiste Monnoyer*, *Baillie*, *Lafleur*, *Huquier*, etc. 150 pièces, 3 lots.
465. Roses, fleurs diverses et liliacées, par Redouté,

fleurs chinoises à l'usage des fabriques. 197 pièces coloriées, de ce nombre 16 dessins au crayon trois lots.

466. Les Liliacées, par Redouté. Le tome Ier. Planches coloriées.

ESTAMPES HISTORIQUES, VUES DIVERSES.

467. Sujets historiques et allégoriques au xviiie siècle et à la Révolution, statues équestres de Louis XIV et Louis XV, aérostat de Montgolfier, etc. 48 pièces.

468. Divers sujets historiques relatifs au xviiie siècle, dont les miracles du diacre Paris. 66 pièces.

469. Sujets divers historiques, cérémonies, fêtes, vues diverses, costumes, caricatures. 83 pièces.

470. Affaire du jeune Désille à Nancy, gravé par Laurent, d'après Le Barbier. 20 exemplaires.

471. Grotesques, costumes, proverbes, par *Lagniet, Montcornet, Michel Lasne, N. Cochin, Crispin, de Pass*, etc.

472. Costumes militaires par Goltzius et autres, détachés des ouvrages des comtes de Flandres, des habits des diverses nations, du maniement d'armes de De Gheyn, de l'histoire de Bretagne de Lobineau, etc.

473. Vues de Gênes, Naples, Malte, Cadix, etc. 9 pièces coloriées.

475. Vues de France, vues de Paris et de Versailles, par Perelle, et un grand nombre de plans et vues topographiques contenues dans trois portefeuilles qui seront divisés sous ce numéro,

476. Marines, vues de Suisse et divers autres pays. 115 pièces gravées et lithographies contenues dans un portefeuille.

477. Monuments du moyen-âge tirés de l'ouvrage de M. Dusommerard, vues diverses d'Algérie, etc. 29 pièces lithographiées.

ESTAMPES DIVERSES.

478. Etudes à la manière du crayon, Statues d'après l'antique, par Piranèse, etc., dans un portefeuille.

479. Un portefeuille contenant des Etudes d'animaux, d'après divers maîtres flamands, hollandais et français.

480. Bacchanales diverses de Satyres, de Jeux d'enfans, etc. 50 pièces d'après divers maîtres

481. Un portefeuille contenant un grand nombre de morceaux d'estampes anciennes de l'Ecole d'Italie.

482. Quarante estampes encadrées, gravées d'après des maîtres de l'École d'Italie, de l'École flamande et des Pays-Bas. Plusieurs de ces pièces d'après Rubens. Cet article sera divisé.

483. Vingt et une pièces encadrées, gravées d'après des maîtres italiens, flamands et français; plusieurs par *Callot*.

484. Un paquet de vignettes en bois et sur cuivre, Emblêmes; diverses pièces par *Sadeler*, etc.

LIVRES A FIGURES ET SUR LES ARTS.

Recueils d'Estampes, Catalogues.

485. Les Travaux d'Ulysse, peint par le Primatice à Fontainebleau, et gravé par *Van Thulden*. Paris, 1633, in-fol. obl., broc. en cart.
486. L'Entrée de Sigismond dans Mantoue, d'après Jules Romain, par *Stella*, 25 p. les Stucs du Vatican, d'après Raphaël, par *Bartoli*. 43 pièces. Deux cahiers brochés.
487. Peinture de l'Albane dans la galerie de Verospie. 17 pièces gravées par Freza.
488. La galerie du palais du Luxembourg, peinte par Rubens. Paris, Duchange, 1710, 24 planches, 1 vol. gr. in-fol. cart. Anciennes épreuves avant les numéros.
489. L'OEuvre de Wouvermans, en 100 planches, gravées par Moyreau. 1 vol. in-fol., dem.-rel.
490. Exemplaire en feuille, du même ouvrage.
491. Musée Napoléon, publié par Filhol. 95 pièces détachées de l'ouvrage.
492. L'Art du Dessin, par *J. Cousin*. Paris, Chereau, in-fol. obl. — Recueil de Lions, dessiné d'après nature, et gravé par *Bernard Picart*, Douze figures, d'après Michel-Ange, Animaux, d'après Hollar, par *Ertinger*, la Passion, par *Leclerc*, nouveaux costumes religieux, civils et militaires, grecs et romains, tiré des vases étrusques, Bible allemande avec figures.
493. Méthode du Dessin, par Jombert. *Paris*, 1755,

in-4, veau. — Portefeuille des Artistes, par Laurent Guyot. in-4, planches au trait. — Recueil d'eau forte, d'après G. Poussin, N. Poussin et Van der Cabel. *Paris, Jean*, in-fol. br. — Vues de Florence. In-4°., pl. color.

494. L'Architecture de Vitruve, traduite par Perrault. Paris, 1684, 1 vol. in-fol., v. fauve, fil.
495. Vitruve Pollio. Lyon, 1586, in-8. — Le Livre d'Antoine Labacco. In-fol. — De la Diversité des Termes d'architecture, par Sambin. 1752. Vignole. In-fol. — L'Arc de Triomphe de l'Etoile. — Eléments anatomiques, par Lavater. 1797. — Recueil de Chiffres. — Monuments de Rome ancienne. — Dessin de porte cochère, par *Marot*. 10 volumes. Cet article sera divisé.
496. Ouvrage de serrurerie, par *Pierre Gautier*, maître serrurier du roi dans son arsenal des galères de Toulon. 22 pl. in-fol., dessinées et gravées de 1685 à 1688.
497. La Colonne Trajanne. 1 vol. in-fol. obl., broché en vélin.
498. Vues de Paris et des châteaux royaux, dessinées et gravées par Rigaud. In-fol., dem.-rel.
499. Fêtes données par la ville de Paris à l'occasion du mariage de Madame Elisabeth de France avec Don Philippe Infant d'Espagne en 1747. Paris, 1747, in-fol., mar. rouge, aux armes.
500. Un autre exemplaire broché en carton.
501. Les portraits des rois de France, gravés par *De Larmessin* et *Boissevin*. 2 vol. in-fol. et in-4. — Les César, par *Hubert Goltzius*. un vol.

502. Martyrologue des Chevaliers de Saint-Jean de Jérusalem. 1 vol. in-fol. d'armoiries.
503. Vie des Peintres célèbres, par Vasari. Rome, 1760, 3 vol., les 1er et 2e vol. de l'édition de Bologne, 1647.
504. Dictionnaire des Monogrammes, par Brulliot. Munich, 1832, 3 vol. in-4, brochés.
505. Peintre-Graveur, par Adam Bartsch. Vienne, 1803, 21 vol. in-8, reliés en veau granit, et deux livraisons de fac-simile d'estampes rares. (Manque à cet exempl. les vol. 20 et 21.)
506. Catalogue de l'OEuvre de Rembrandt, par Adam Bartsch. Vienne, 1797, 2 tomes en 1 vol. gr. in-4, broché, exempl. en gr. pap.
507. *Bartsch*. Catalogue de l'OEuvre de Lucas de Leyde, celui de Waterloo et celui d'Albert Van Everdingen. 3 vol. in-8.
508. *Bartsch*. Peintre-Graveur, vol. 2, 3, 11. *Hubert* et *Roos*, Manuel de l'amateur d'estampes, 2 vol. *Heinecke*, Dictionnaire des artistes, le 1er vol.
509. Peintre-Graveur français, par M. Robert Dumesnil. Paris, 1835 à 1845, 7 vol. in-8, broc.
510. Catalogue raisonné du Cabinet de M. Paignon-Dijonval, par Benard, Paris 1810, in-4, broché.
511. Catalogue raisonné de la rare et précieuse collection d'estampes de M. Debois, rédigé par Defer. Paris, 1843, 1 vol. gr. in-4, broché. Exemplaire en grand papier, tiré seulement à cinquante.
512. Catalogue des Tableaux et objets d'antiquités

du Cabinet de M. Dufourny. Paris, 1819, in-4, broc., avec 75 fig. au trait.

513. Catalogues des Tableaux de Poullain, Randon de Boisset, Denon, (les estampes et les antiquités, 2 vol.) et plusieurs autres catalogues de Tableaux.

514. Catalogue de l'OEuvre de Rembrandt, par *Gersaint*. — in-12, veau brun; Catalogue de l'OEuvre de Rubens de sir Marmol, en 1794, 1 vol. broché. — Eloge de Leclerc, par l'abbé de Vallemont. In-12, veau brun. — De l'Allégorie, par Vinkelman, Addisson, Zulzer. Paris, Jansen, an VII, 2 vol. in-8.

515. Catalogues de ventes d'estampes, dont ceux de Basan, Sylvestre, Prévost, Karcher, M. Debois, le catalogue des estampes exposées à la Bibliothèque nationale. Paris, 1837; et un grand nombre d'autres catalogues.

516. Description des antiques du cabinet de M. Edme Durand, par de White. Paris, 1836, in-8, broc.

517. Dictionnaire historique par une société de gens de lettres. Paris, Mesnard et Desenne, 1822, 30 vol. in-8, brochés. (Manque un vol.)

518. Environ 60 vol. in-8, reliés et brochés, sur l'histoire, la littérature et le théâtre.

519. Portefeuilles, papiers, cartons, cadres, montre et passe-partout d'étalage, ustensiles de magasins, etc., et tous les articles non catalogués seront vendus sous ce numéro.

PLANCHES GRAVÉES.

520. LA GALERIE DU PALAIS DU LUXEMBOURG, peinte par Rubens, dessinée par les sieurs Nattier, et

gravée par les plus habiles graveurs du temps, publiée en 1710 par Duchange. — Cet ouvrage, formant 1 vol. gr. in-fol., se compose de 25 planches, dont le portrait de Rubens, gravé par *Massé* en 1708; les deux portraits du grand-duc et la grande-duchesse de Toscane, par *G. Edelinck*; le portrait de Marie de Médicis sous la figure de Minerve, par *Massé*, et de 21 sujets de la vie de cette princesse, gravés par *Jean et Benoist Audran, Chastillon, Duchange, Loir, B. Picart, Simoneau, Trouvain et Vermenlen.*

En tout 25 cuivres pour les planches, et 2 pour le titre et l'avertissement; 21 de ces cuivres portent de hauteur 51 cent. sur 37 cent. de largeur; 4 portent hauteur 51 cent. sur 24 cent. de largeur; 3 trois grands sujets, largeur 84 cent. sur 51 de hauteur. Peu d'exemplaire d'impression.

521. Recueil de cent vingt-une des plus belles vues de PALAIS, CHATEAUX et MAISONS ROYALES DE PARIS et SES ENVIRONS, dessinées d'après nature en 1780 et gravées par *Jean Rigaud*. Ouvrage gr. in-fol.

Ces cent vingt-une planches représentent du n° 1 au 21 des vues de l'intérieur de Paris; du n° 22 au 42 des vues des châteaux de la Bastille, Monceaux, Madrid, la Muette, Bellevue, Choisy, Saint-Ouen, Saint-Maur, Bagnolet, Vincennes, la Salpêtrière et Bicêtre; du n° 43 au 55 le château de Versailles et ses jardins; du n° 56 au 96 les environs de Versailles, Saint-

Cloud, Marly, Meudon, Saint-Germain, Maisons, Sceaux, Berny, Glagny, Saint-Cyr; du n° 97 au 121 les châteaux de Fontainebleau, Rambouillet, Chantilly, Anet, Amboise, Chambord et Blois.

Ces cent vingt-un cuivres portent de largeur 50 cent, hauteur 27 cent.

Impressions, plus de 1200 épreuves, plus un paquet de texte, le titre et la table des planches.

522. FRAGMENTS D'ORNEMENTS puisés dans les quatre écoles et dédié à S. A. R. la princesse Clémentine d'Orléans. Paris, Deflorenne, 1 vol. in-4° de 201 planches compris le titre, ces 201 planches gravées par *Riester* de 1841 à 1847.

Les planches de cette suite reproduisent les plus jolies gravures d'ornements de la renaissance jusqu'au genre rocaille de Louis XV, faites par les artistes allemands, flamands et français du XV° au XVIII° siècle telles que *Martin Schoen, Mecken, Albert-Durer, Beham, Aldegrever, V. Solis, Ducerceau, Et. Delaulne, René Boivin, Lucas de Leyde, Dieterlin, Janssens, Th. de Bry*, etc.

La moyenne de grandeur de chaque cuivre est de 22 c. sur 14 c.

Impressions 4,000 épreuves.

523. ORNEMENTS dédiés à S. A. R. la princesse Marie d'Orléans. Cent vingt-deux planches représentant des armoiries, lettres ornées, points coupés, vases, calices, miroir, poignées d'épées, arquebuserie, cartouches, pendants d'oreilles, cein-

tures, vidrecom et autres objets d'orfèvrerie, gravés d'après Woeriot, Et. Delaulne, Hollar, Virgile Solis, etc., et autres dessinateurs et graveurs du XVI au XVII° siècle, par *Jean* et *Lucien Feuchère, Régnier* et *Clerget*, plusieurs de ces planches aussi de leur invention. Cet ouvrage fait suite au précédent, il se compose de 122 cuivres et impressions, 1800 épreuves.

524. MEUBLES, VASES, etc. Douze planches gravées par *de Vailly*, architecte. Numérotés 1 à 12.
Recueil de meubles dans le style du XVI° siècle, dédié à S. A. R. la princesse Clémentine d'Orléans. 11 planches par *Lucien Feuchères*, numérotées 13 à 23. Impressions 600.
ORNEMENTS DIVERS, dessinés et composés par *Vagner*, suite de 8 planches numérotées 1 à 8.
ORNEMENTS ROCAILLE, par *d'Hautel*, 6 planches, 250 épreves.
Arabesques, dans le goût de Raphaël. 3 planch.
Cet article contient 41 cuivres de diverses grandeurs in-4. impression épreuves.

525. ORNEMENTS DIVERS pour les décorateurs, par *A. Coulo*. 48 planches in-4, 42 cuivres de 23 cent. sur 17 cent., impressions, 1000 épreuves.

526. ÉCUSSONS ET ARMOIRIES. 13 planches en cuivre in-12 et in-8. Impression, 120 épreuves.

527. Suite d'animaux dessinés et gravés par Huet, en 1788. 6 cuivres de 13 cent. sur 12 cent. de hauteur. Impression, 100 épreuves.

528. La Tentation de saint Antoine, d'après Teniers, gravé par Reveil. Seulement l'impression, 170 épreuves.

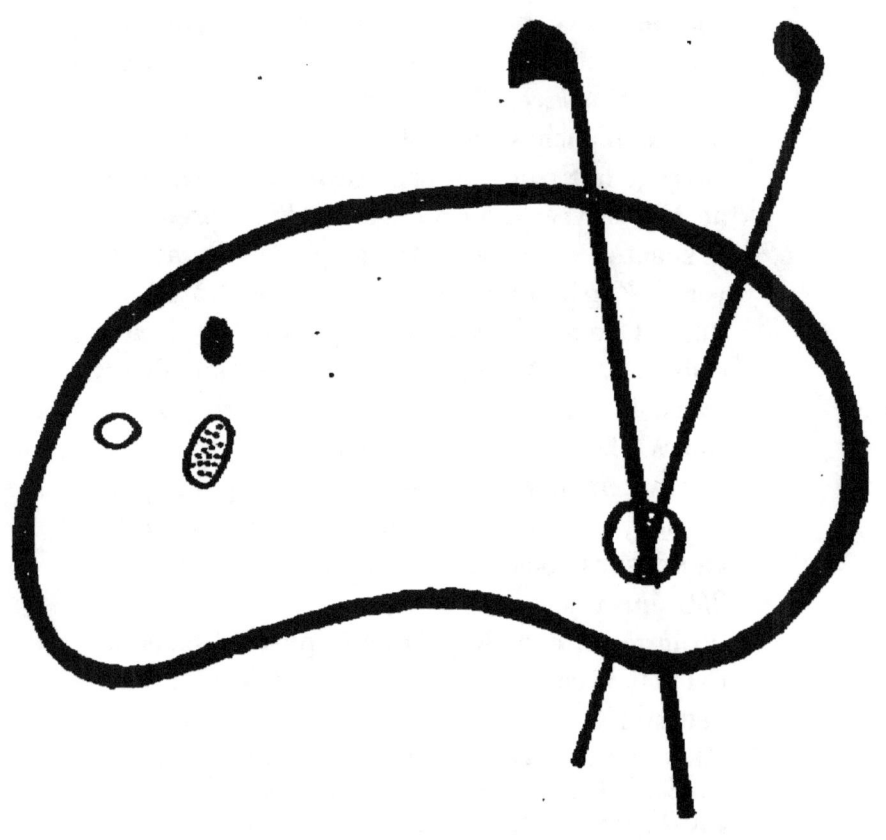

ORIGINAL EN COULEUR
NF Z 43-120-8

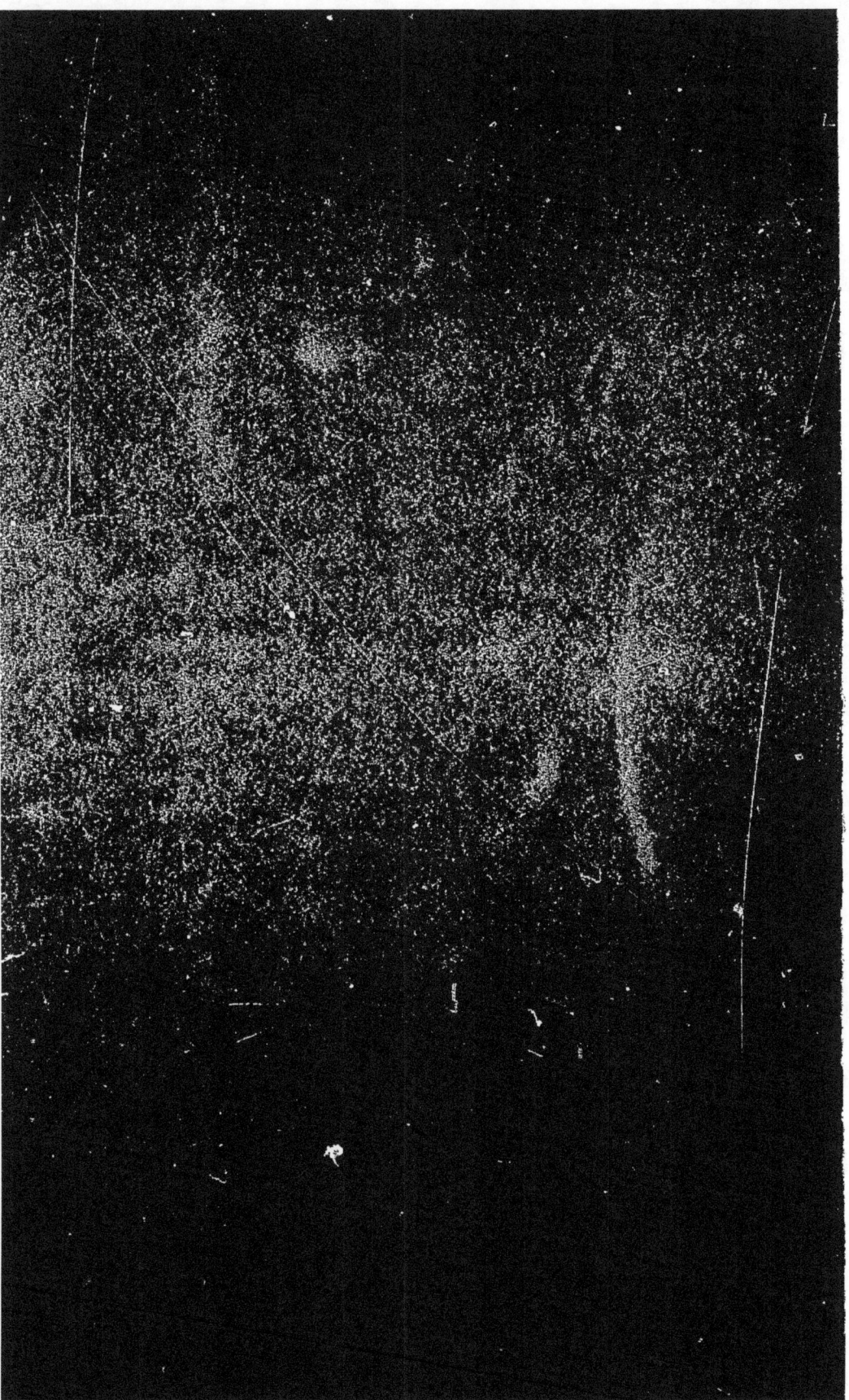

www.ingramcontent.com/pod-product-compliance
Lightning Source LLC
Chambersburg PA
CBHW070205230526
45471CB00002B/830